아들아,
살아보니 사랑이더라

아들아,
살아보니 사랑이더라

김재섭 지음

해방과 전쟁, 현대사를 겪어온
팔십대 노부부의
기억과 기록

mediazoom

목차

제1막
해방과 자유

제2막
전쟁과 혼란

책을 내면서 · 6
연표 · 12

영변 소년 홍주 · 16

황주 소녀 화미 · 32

혼자가 된 소년 · 41

위기의 38선 월남 · 52

중도리의 피란생활 · 63

불안한 평화 · 72

어린 장사꾼 · 88

안 소위의 한국전쟁 · 100

카투사 10380069 · 121

대전 중앙시장 · 141

골목의 조카님 · 167

베를린의 파독 간호사 · 174

부산정보산업진흥원
우수스토리콘텐츠 선정작

제3막

만남과 행복

소년과 소녀 · 190

시장에서 시골로 · 209

솔모음합창단 · 219

전원유치원 · 233

다시 영도다리에서 · 261

글을 마치며 · 272

참고자료 · 282

_ 영도다리
_ 정희섭 보건사회부 장관
_ 반공포로 석방
_ 전두환 암살 음모와 최중화
_ 파독 간호사
_ 1·21 청와대 습격 사건
_ 대전 중앙시장 화재
_ 대청댐과 신하리

책을 내면서

칠십 몇 년을 훌쩍 건너뛰는
노부부의 기억이자 기록

이 책은 칠십 몇 년을 훌쩍 건너뛰는 노부부의 기억이자 기록이다. 부모님 두 분의 이야기를 듣는 것은 나의 뿌리를 캐는 일이었고 의미를 넓히면 격랑의 현대사를 재현하는 일이었다. 두 분의 삶은 우리 현대사를 받치고 있는 평범한 이들의 생활사였다.

아버지(길홍주)는 1936년에 김소월의 시 '진달래꽃'으로 유명한 평안북도 영변에서, 어머니(안화미)는 1941년 황해도 서홍에서 태어났다. 일제강점기에 태어나 해방을 맞은 두 분은 격랑 속에 자유를 찾아 목숨을 걸고 월남했다. 아버지 나이 겨우 열두 살, 어머니 나이 일곱 살 때였다. 그 과정에서 부모님과 헤어진 아버지는 결국 고아 아닌 고아로 평생을 살아야 했다.

두 분의 기억은 놀랄 만큼 선명했다.
일본인 교장과 함께 진달래꽃이 만발한 영변의 약산으로 소풍을 가던 시절부터, 해방 뒤 러시아인들이 마을에 들어와 행패를 부리던 기억, 전쟁과 피란살이로 이어지는 아버지 인생의 많은 순간들은 거듭되는 아들의 질문을 거쳐 고스란히 기록됐다.

   어머니 역시 황해도에서 위험한 순간들을 겪으며 불과 27살이었던 외할머니를 따라 38선을 넘던 순간부터, 군인이던 외할아버지를 따라다니던 기억과 성인합창단을 만들고 시골에서 유치원을 열어 아이들을 사랑으로 가르치던 날들을 선명하게 들려주었다.

   두 분의 삶은 1950년대부터 60년대와 70년대를 거쳐온 세대에게는 유별나거나 특별한 것이 아니었다. 그 시대를 힘겹게 산 이들은 대부분 어딘가에 이름 석 자를 올릴 일도 없는 평범한 인생들이었다. 시장에서 장사를 하다 대화재로 모든 것을 잃고, 정부의 장려로 시작한 양돈 사업은 가격 폭락을 겪으며 눈물을 흘리게 했다. 가난을 피해 독일에서 간호사 생활을 시작한 자매와는 평생 떨어져 살아야 했고, 어렵게 터를 잡은 곳은 대청댐 건설로 수몰되면서 다시 이주해야 했다. 그런 삶들은 어딘가에 기록될 기회도 없었다.

부모님의 인생이 아들은 언젠가부터 궁금했다. 2016년부터 부모님을 찾아뵐 때마다 취재하듯이 시작된 구술과 기록은 원고가 마무리되는 시점까지 계속됐다. 아들은 궁금한 것이 나올 때마다 전화로 질문을 드렸고, 그때마다 두 분 삶의 작은 조각들은 기억 속에서 튀어나왔다.

이 책은 평범한 두 분의 삶을 통해 바라본 우리의 현대사이기도 하다. 해방과 한국전쟁을 겪으며 부산과 거제도, 광주, 대구, 서울, 대전을 오가는 피란생활과 그 가운데 만난 이들과의 특별한 인연은 어느 곳에서도 찾아볼 수 없는 역사의 한 장면들이다.

국내 보건 의료계의 기반을 닦은 정희섭 전 보사부 장관이나 '태권도'라는 이름을 지었던 최홍희 장군 가족과 전두환 전 대통령 암살사건을 모의했던 그의 막내아들 최중화, 백일장의 심사위원이었던 박목월 선생님, 국내 중문학계의 거목이었던 고 허세욱 교수님 등은 두 분의 기억 속에 생생하게 남아있었다. 팔순을 넘긴 부모님은 두 분의 삶을 아름답게 꾸미길 원치 않고 그저 담담히 기록되길 원하셨다.

두 분의 기억들은 확인 작업이 필요했다. 그 과정에서 대전일보 남재건 이사와 송연순 편집국장, 논산시청은 사진과 사료 확인에 많은 도움을 주셨다. 1950년대 부산 사진들을 제공해 주신 김한근 부경근대사료연구소 소장에게도 감사드린다. 사실 확인이 불가능했다면 책의 상당 부분은 기록되기 어려웠을 것이다. 솔모음합창단 단원이었던 김상휘 전 대전시청 문화예술국장 역시 옛 사진자료 확보와 사실 확인에 큰 도움을 주셨다. 미디어줌 박미화 대표는 끝없이 원고만 수정하는 저자를 독촉하고, 미처 생각지 못한 부분까지 꼼꼼히 챙기며 훌륭한 책을 완성시켜주었다. 본 원고를 우수 스토리 콘텐츠로 선정해 출판을 지원해준 부산정보산업진흥원에도 큰 감사를 드린다. 책에 등장하는 현대사의 여러 장면들을 요약한 내용에는 여러 언론사의 기사들도 큰 도움이 되었다.

『인생극장』(2018)의 저자인 사회학자 노명우 교수는 부모님의 이야기를 쓰고자 했지만 아버지는 10분 정도, 어머님은 10시간 정도의 녹음된 분량 밖에 없었다고 한다. 하지만 노명우 교수는 얼마 안 되는 기록을 가지고 부모님 세대가 즐긴 흑백 영화와 주인공들을 씨줄과 날줄 삼아 이 세상의 모든 '그저 그런' 아버지와 어머니에게 바치는 소중한 책을 펴냈다. 『인생극장』은 "기억의 정확한 시제는 과거가 아니라 미래다"라는 문장으로 끝을 맺는다.

사랑하는 부모님 홍주와 화미의 기억을 미래에 남긴다.

2021년 11월
저자 길재섭

| 연표 | **1930** | **1940** | **1950** | **1960** |

| | | 1945. 8. 15
해방 | 1950. 6. 25
한국전쟁 발발
1953. 7. 27
한국전쟁 휴전 | 1961. 5. 16
5·16 군사쿠데타
1966. 1. 30
서독 파견 간호사
1진 출국 | 1968. 1. 21
청와대 습격
미수사건
1968. 10. 30
울진·삼척
무장공비 침투
1969. 4. 20
대전 중앙시장
대화재 |

홍주

1936. 2. 25
평안북도 영변
출생

1943. 3
영락국민학교
입학

1947. 4
월남, 금산 이주

1947. 4
금산국민학교
편입

1950. 4
금산중학교
입학

1950. 7
부산 이주

1951
대전 이주

1958. 7
육군 입대

1961. 4
군 제대/대전 정착

**1964. 3. 17
홍주, 화미
결혼**

**1965
홍익상회
개업**

화미

1941. 1. 31
황해도 서흥
출생

1947. 2
월남, 서울 이주

1948. 9
서울 흥인국민학교
입학

1950. 1
광주 이주

1950. 8
거제도 이주

1950. 10
부산 이주

1951
대구/안동/청주 이주

1952. 12
대전 이주

1954. 2
대전 대흥국민학교 졸업

1954. 3
대전여중 입학

1957. 3
대전 공립서여고 입학

1960. 2
서울 보성여고
졸업

1960. 6
대전 중앙시장
근무

1965. 6. 28
창섭 출생

1968. 1. 21
재섭 출생

1970

1972. 8. 30
제1차
남북적십자회담
평양 개최

1975. 8. 15
여의도
국회의사당 준공

1974.
양돈업 전환

1978.
평촌 이주

1979. 3
전원유치원
개원

1978.
솔모음합창단
창단

1979. 3
평촌 이주

1980

1980. 6
대청댐 건설
담수 개시

1981. 7
캐나다에서
전두환 암살
음모 적발

1983. 10. 9
미얀마 아웅산
테러사건 발발

1985. 9. 21
남북 이산가족
첫 상봉

1989.
양돈업 중단

1980. 10.
대전합창단
(솔모음합창단)
전국대회 우승

1981. 12
대전 시립합창단
창단발표회

1990

1991. 9. 17
남·북 동시
UN 가입

1996. 9. 18
강릉지역
무장공비 침투

2000

2000. 6. 13
김대중-김정일
정상회담,
6·15 공동선언
발표

2002. 6. 29
제2연평해전
발발

2007. 10. 2
노무현-김정일
정상회담,
10·4 선언 발표

2000. 7
전원유치원
폐원

2010

2010. 3. 26
천안함 침몰

2018. 4. 27
문재인-김정은
정상회담,
4·27 선언 채택

2018. 5. 26
문재인-김정은
2차 정상회담

2018. 9. 18
문재인-김정은
3차 정상회담

2019. 6. 30
남·북·미 정상
판문점 회동

2018. 9
홍주, 화미
부산 방문

1945년 8월 15일, 홍주는 평안도 개천의 큰 어머님 댁에 있었다.
일본의 패망과 해방 소식이 갑자기 알려지면서 사람들은 모두 거리로
뛰어나와 기뻐했다. 어린 홍주도 거리로 나가 만세를 불렀다.
하지만 해방의 소식과 함께 중공군이 곧바로 압록강을 넘어
내려올 것이라는 소문이 퍼지기 시작했다. 38선 이북을
공산군이 점령하면서 평안도에 살던 홍주와 가족에게는
생각지도 못했던 운명이 기다리고 있었다.

한국전쟁 직후, 한복을 입은 여자아이들
(Bill Clark 촬영. 1954년)

제1막

해방과 자유

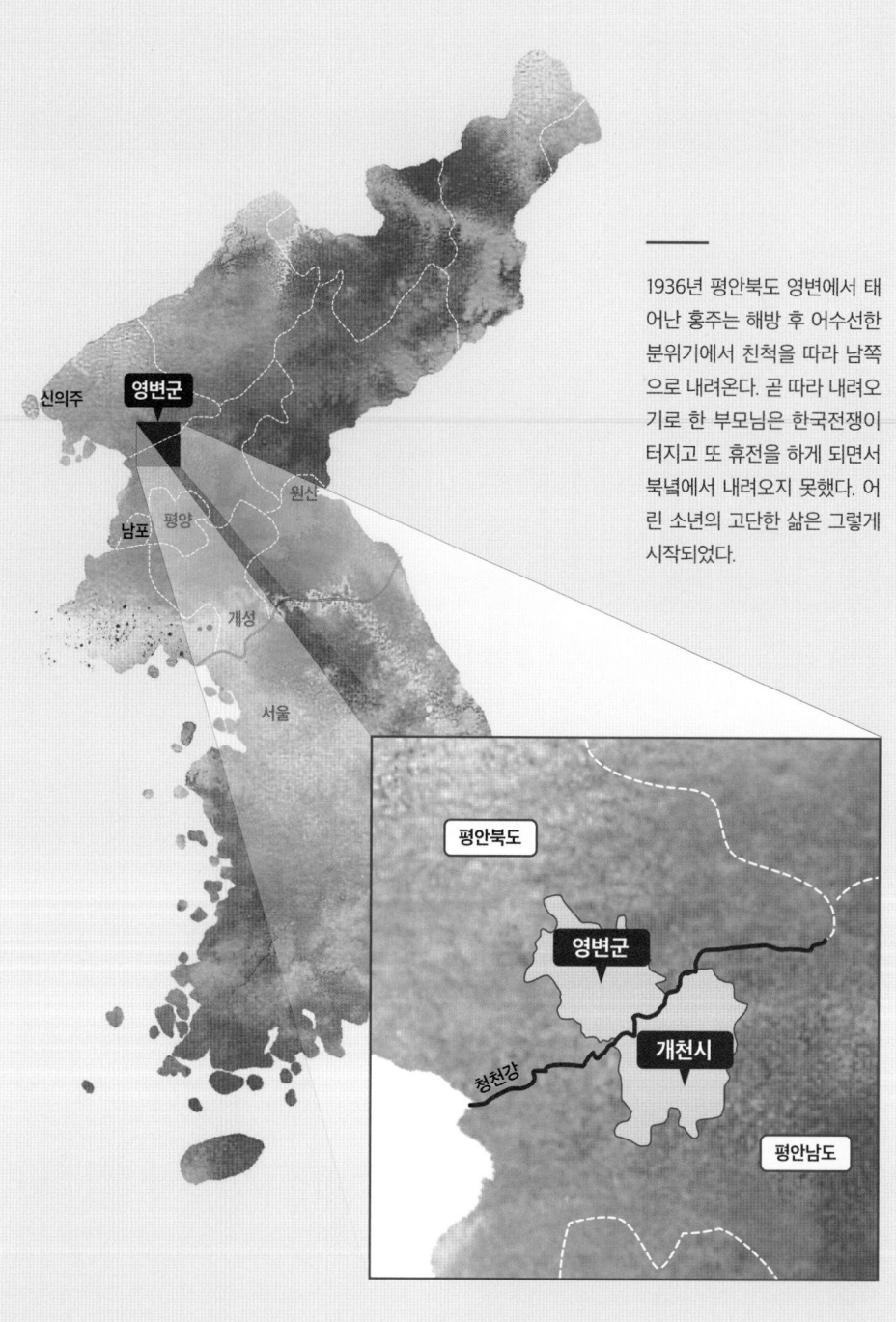

1936년 평안북도 영변에서 태어난 홍주는 해방 후 어수선한 분위기에서 친척을 따라 남쪽으로 내려온다. 곧 따라 내려오기로 한 부모님은 한국전쟁이 터지고 또 휴전을 하게 되면서 북녘에서 내려오지 못했다. 어린 소년의 고단한 삶은 그렇게 시작되었다.

영변 소년 홍주

평안북도 영변의 전형적인 농촌 집안에서 태어난
홍주는 산과 들로, 또 청천강을 오가며 친구들과
어울려 어린 시절을 보낸다. 일제 강점기 시절,
일본인이 교장으로 있는 국민학교에 다니며
진달래꽃이 유명한 영변 약산으로 소풍도 다닌다.
철없던 어린 홍주도 해방과 함께 세상이 바뀌는
것을 점차 느끼게 된다.

평안북도 영변군 연산면 화천리 동골. 1936년 2월 25일, 홍주가 태어난 곳이다. 동골 마을에는 10여 채 남짓 되는 집들이 듬성듬성 자리 잡고 있었다. 그나마 홍주의 집 주변에 대여섯 채들이 가깝게 모여 있어 누군가 함께 사는 마을이라는 것을 알 수 있었다.

크고 작은 산들이 마을을 둘러싸고 있었다. 가파르게 높진 않았지만 해가 뜨는 시간은 늦었고, 늘어지는 산 그림자는 오후면 더욱 길어져 마을을 덮었다. 많지 않은 마을 사람들은 모두 농사를 짓고 살았다. 나라에 큰 일이 일어나도 동골 사람들은 며칠이 지나야 소식을 들을 수 있었다. 그저 먹고사는 것이 급한 작은 마을이었다.

홍주네 집 뒤편 산자락에는 밤나무들이 줄 지어 서 있었다. 오십여 그루 남짓한 밤나무들은 초여름이면 진한 향기를 풍겼다. 가을이 될 무렵이면 벌어진 틈 사이로 밤알들이 반짝였다. 밤알이 보이는 듯하면 밤톨들은 곧 떨어지기 시작했다. 나무가 많은 탓인지 밤들은 가을 내내 떨어져 내렸고 지붕 위로도 알밤들이 밤낮없이 떨어졌다. 아침이면 지난 밤 지붕 위에서 굴러 떨어진 밤들이 마당 곳곳에 굴러다녔다. 어머니는 떨어진 알밤을 잘 주워 놓으라고 하셨지만, 홍주는 아무도 보지 않을 때 발에 걸리는 알밤들을 보이지 않는 곳으로 차버리기도 했다.

넓지 않은 마당 끝에는 사립문이 있었다. 얇은 나뭇가지로 성기게 엮은 문은 거의 열려 있었지만, 여닫을 때면 삐걱거리는 소리를 냈다. 문을 열고 마당에 들어서면 소를 키우는 외양간이 먼저 나왔다. 한두 마리씩 외양간을 지키던 누런 소들은 농사일을 도와주는 중요한 식구이자 홍주의 친구였다. 소를 데리고 나가 풀을 먹이는 일은 여느 집과 마찬가지로 어린 홍주의 차지였다. 소를 끌고 돌아다니며 인근의 산과 들판에서 친구들과 놀던 날들은 홍주의 가장 행복한 어린 시절 추억이다.

　외양간 옆에는 돼지우리도 있었다. 돼지우리라고 해 봐야 나무 몇 개를 박아 지붕을 얹어 놓고 사방을 막아 놓은 움막이었다. 우리 안에는 시커먼 돼지 한 마리가 늘 꿀꿀거리며 먹을 것을 찾았다. 우리에서 흘러나온 오물로 돼지우리 앞마당의 흙은 늘 젖어 있었다. 질척거리는 흙을 꼬챙이로 뒤적거려 보면 꼬물거리는 지렁이들도 많았다. 통통한 지렁이는 인근 청천강으로 낚시를 가려면 꼭 챙겨야 하는 좋은 미끼였다.

　돼지우리 옆은 화장실이었다. 화장실 안에는 옥수수의 알갱이를 모두 떼어낸 옥수수 속대와 껍질이 늘 쌓여 있었다. 홍주의 고향에서 옥수수는 중요한 먹을거리 가운데 하나였다. 들녘과 집 주변에서는 여름 내내 어디에서든지 쑥쑥 자라는 옥수수를 볼 수 있었다. 화장실에 쌓여있던 옥수수의 부드러운 속잎은 휴지가 없던 시절, 휴지 대용으로도 쓰였다. 가난한 평안도 시골마을에서 옥수수는 버릴 것도 없이 쓰임새가 아주 많은 유용한 작물이었다.

　초가집 지붕 아래 구석에는 어머니가 밥을 짓는 부엌이 있었다. 길고 추운 겨울이면 불을 지피는 아궁이가 있는 부엌이 제일 따뜻한 곳이었다. 눈이 내려 바깥에 나가지 못하는 날이면 홍주는 부엌 구석에 쭈그리고 앉아 어머니가 밥 짓는 모습을 바라보았다. 먹을거리가 풍성하진 않았지만 아버지가 열심히 농사지은 덕택에 끼니를 거르는 일은 없었다.

부엌 한쪽에는 구덩이를 판 움이 있었다. 홍주 어머니는 무나 배추를 겨우내 움 안에 저장해 놓았고 김칫독들도 넣어 두었다. 저장해 놓은 것들을 다 먹고 봄이 다가오면, 움에는 땅바닥에서 올라온 물이 차올랐다. 텅 비어 가벼워진 독은 제법 고인 물 위에 누운 채 둥둥 떠 있었다.

마을 인근 산속에는 동네 어른들이 한 번씩 이용하던 노천 한증막이 있었다. 한증막은 둥글게 땅을 파고 바닥을 흙으로 다져 만들었다. 어른들은 이곳에서 나무를 때 돌이나 황토를 뜨겁게 달군 뒤 물을 부어 뜨거운 김이 나면 한증막처럼 사용했다. 하지만 오랫동안 사용하지 않은 한증막은 산속에 버려진 채 아이들의 놀이터가 돼 버렸다. 여러 마을을 돌며 음식을 구걸하는 거지들이 이곳에 자주 머물면서 마을 사람들의 발길은 더 끊어졌다. 홍주의 어머니는 이곳에서 머무르는 거지들이 마을로 내려오면 적게라도 꼭 음식을 주어서 보냈다.

해방이 되기 전 학교에 입학할 나이가 되자 홍주는 산 너머 영락국민학교에 입학했다. 한 학년은 대략 스무 명 정도에 불과했다. 학교라고 하지만 필요한 시설들을 제대로 갖춘 건물은 없었다. 학교 전체에 교실은 세 개뿐이었고, 화장실도 따로 갖춰져 있지 않았다. 학교 옆 산기슭에 가마니로 앞만 가려놓은 구덩이가 화장실이었다. 산자락에 있던 학교 건물 옆으로는 솔밭이 있었다. 교실이 부족한 탓에 1, 2학년 시절에는 대부분 나무 밑에서 야외 공부를 해야 했다. 수업을 하다가도 비가 오면 수업은 그대로 끝났고, 홍주는 비를 맞으며 집으로 돌아왔다. 그나마 비를 맞으며 학교를 다니는 여름은 괜찮았지만 눈이 내리는 겨울은 학교에 오가는 것이 더 힘들었다. 평안도 산지에 눈이 내리면 홍주는 무릎까지 빠지는 눈길에 산을 넘어 학교를 가야 했다. 추운 겨울에는 야외 수업을 할 수가 없어 1, 2학년들도 상급생 학년들과 같은 교실에 모여서 수업을 했다.

당시 다른 학교들처럼 영락국민학교 교장선생님은 일본인이었다. 교장선생님의 결혼하지 않은 딸도 선생님으로 따라와 있었다. 영락국민학교에서는 입학하자마자 한국말을 절대로 쓰지 못하도록 교육시켰다. 우리말을 하다 교사들에게 들키면 심하게 매를 맞았다.

"이런 죠센징들, 죠센징들은 팽이처럼 계속 때려야 돌아간다."

아이들에게 매질을 하며 소리 지르던 교사들이 흔히 하던 말이었다. 우리말을 했다며 일본인 교사보다 더 심하게 매질을 한 것은 몇 명의 한국인 교사들이었다.

회초리로 등이며 허리를 마구 때리는 한국인 교사들은 홍주와 어린 친구들의 눈에도 곱게 보이지 않았다. 움막 화장실에 그런 한국인 교사가 들어가면 그 안으로 흙을 집어던지고 도망가는 친구들도 있었다. 일본말만 가르치겠다며 어린아이들에게 심하게 구는 교사들은 그만큼 미움의 대상이었다. 그러다 운 나쁘게 흙을 던진 것이 들킨 아이들은 더 심하게 맞았다.

해마다 봄이 오면 학교에서는 인근 약산으로 소풍을 갔다. 김소월의 시「진달래꽃」으로 널리 알려진 바로 그 영변의 약산이다. 학교에서 약산까지는 약 30리 길이었다. 홍주는 1945년 3학년이던 시절까지 소풍을 갔다. 제법 걸어야 했지만 진달래꽃이 흐드러지게 핀 약산은 어린 홍주가 보기에도 근사했다. 몇 명 안 되는 전교생들은 소풍을 가는 마음에 들떠 있었고, 오가는 길은 심심하지 않았다. 화창한 봄날에 소풍을 가면 일본인이나 한국인 교사들도 모두 기분이 좋아 보였다. 교사들은 기분이 좋아 장난을 치며 노는 아이들에게도 평소처럼 소리 지르지 않았다.

멀리서 본 영변의 약산에는 바위가 많았다. 바위들은 산의 언저리부터 층층이 쌓여 있었다. 봄이 되면 커다란 바위들 틈 사이로는 진달래꽃이 활짝 피었다. 바위때문에 가느다란 가지 끝에 핀 진달래꽃은 더 붉게 보였다. 약산 동대에는 쉼터와 같은 평지에 큼지막하고 평평한 바위가 하나 있었다. 평평한 모양 탓에 거북이 바위라고 불리는 약산의 명물이었다. 바위는 누군가 일부러 옮겨다 놓은 것인지 아니면 옛날부터 그곳에 있었던 것인지 알 수 없었다. 약산으로 소풍을 간 아이들은 누구나 그 바위에 한 번씩 앉아보곤 했다.

홍주에게는 남동생이 있었지만 일찍 세상을 떠났다. 홍주는 동생을 더 예뻐하는 부모님이 싫었다. 홍주는 친구들과 어울려 놀고 싶었지만, 부모님은 자주 홍주에게 어린 동생을 맡기고 일을 나가셨다. 부모님이 미운 마음에 어떤 날은 집 뒤 굴뚝에 기대 앉아 집에 들어가지 않겠다고 버티기도 하고, 혼잣말로 동생이 없어지면 좋겠다고 중얼거리기도 했었다. 하지만 겨우 걸을 정도로 어린 동생이 어느 날 죽은 뒤, 홍주는 그런 생각을 했던 것을 너무나 후회했다. 하필이면 그날따라 집 뒤에서는 까마귀 한 마리가 계속 울어댔다. 홍주는 그 까마귀가 혹시 죽은 동생이 다시 태어나 자신을 원망하는 것이 아닐까라는 무서운 생각까지 들었다. 또 다른 동생이 태어나면 그때는 잘해줘야겠다는 생각도 들었다. 그 뒤 홍주보다 다섯 살 어린 여동생 명신이 태어났다.

홍주는 학교에서 돌아오면 소를 몰고 나갔다. 가까운 청천강가에는 가꾸지 않은 초지와 들판이 많았다. 강변으로 소를 끌고 나가 풀어놓으면 소들은 알아서 자리 잡고 풀을 뜯어 먹었다. 홍주네 소는 나이가 많고 덩치가 큰 편이어서 친구들이 끌고 온 소들은 가까이 오질 않았다. 홍주의 소가 풀이 많은 곳에 먼저 자리를 잡고 나면 다른 소들은 조금 떨어진 곳에서 풀을 뜯기 시작했다. 홍주는 자신이 끌고 온 소가 다른 소들보다 더 거만한 태도로 여유 있게 풀을 뜯는 것을 보는 것만으로도 우쭐거릴 수 있었다.

어린 친구들이 모이면 어디에서나 즐거웠다. 홍주의 친구들이 제일 좋아하는 것은 수영이었다. 청천강은 거대한 수영장이었고 동네 아이들은 누구나 수영선수였다. 하지만 홍주는 친구들과 달리 수영을 좋아하지 않았다. 기억이 가물가물한 어린 시절 친구들과 강에서 놀다가 빠져 죽을 뻔한 기억이 있기 때문이었다. 사고 뒤 물이 무서워진 홍주는 수영을 하지 않았다. 그 대신 홍주가 좋아하는 것은 씨름이었다. 여름날 강변의 뜨거운 모래밭에서는 또래 친구들의 씨름판이 자주 벌어졌다. 홍주는 키가 작았지만 더 큰 친구들을 이기는 때가 많았다.

수영이나 씨름을 하다 지친 아이들은 가까운 들판으로 자리를 옮겼다. 강물이 한 번씩 범람하는 탓에 강변은 늘 기름진 옥토였다. 심지 않아도 잘 자라는 것들 가운데에는 뽕나무도 있었다. 오디가 익는 계절이면 아이들은 제법 큰 뽕나무에 올라가 오디를 실컷 따 먹었다.

"야, 좀 그만 먹어라, 얼굴이 새카매졌어."
"야, 네 입은 어떤데."

손이나 입은 온통 시커멓게 변했지만 주인도 없는 오디를 따 먹는다고 나무랄 이는 없었다. 오디를 따 먹으며 배를 채우고 서로 쳐다만 봐도 아이들은 즐거웠다. 사람들이 지나다니는 길의 풀을 보이지 않게 묶어 놓는 장난꾸러기들도 있었다. 묶어 놓은 풀에 걸려 누군가 넘어지기를 바라는 장난이었지만 실제로 걸려 넘어지는 이들은 없었다. 친구들과 놀다 보면 긴 여름날 해도 금방 떨어지곤 했다. 홍주와 친구들은 어둑해질 기미가 보이면 풀을 뜯고 계속 우물거리는 소들을 몰고 집으로 돌아갔다.

강변에는 자갈밭에 둥지를 틀고 새끼를 키우는 종달새들이 많았다. 홍주는 종달새를 집에서 키워 보고 싶은 마음에 여러 차례 새끼를 둥지에서 훔쳐 왔다. 하지만 어린 새끼들은 곧 죽고 말았다. 하루는 개구마리 새의 둥지에서 새끼 한 마리를 데려 왔다. 종달새보다는 조금 크지만 날아가지 못하고 둥지에 남아있던 새였다. 홍주는 새의 다리에 끈을 매서 날아가지 못하게 하고 먹이를 주며 키웠다. 개구마리는 집의 기둥 위쪽 막대기에 앉아 한동안 홍주의 친구가 돼 주었다. 하지만 어느 날 동네 고양이 한 마리가 개구마리 새를 통째로 물고 도망가 버렸다. 소중하게 키우던 새가 산 채로 물려 가는 것을 꼼짝없이 지켜본 홍주는 그 뒤로는 새를 키울 생각이 들지 않았다.

청천강은 깊고 맑은 강이었다. 배를 타고 가면 두 서너 길은 돼 보이는 깊은 곳까지 그대로 들여다보였다. 깊은 물에서 커다란 물고기들이 헤엄치며 다니는 것도 빤히 보였다. 청천강을 오가는 뱃사공은 홍주와 8촌 정도 되는 사이의 먼 친척이었다. 길씨 성을 가진 뱃사공은 아버지의 심부름으로 강 건너 개천(시) 철물점에 다녀오는 홍주를 늘 반갑게 대해주셨다. 겨울에는 강이 모두 꽁꽁 얼어버려 얼음 위로 걸어서 강을 건너다닐 수도 있었다.

청천강과 인근 늪지대는 최고의 낚시터였다. 특히 강물이 넘나드는 강 인근의 너른 늪지에는 물고기가 많았다. 홍주는 집에 있는 바늘을 구부린 낚싯바늘과 대나무 낚싯대를 가지고 집 마당에서 잡은 지렁이를 미끼로 삼아 청천강에서 친구들과 낚시를 했다. 주로 잡히는 것은 행베리(잉어과)나 붕어였다. 제법 큰 고기들을 잡아 집으로 가져가면 어머니는 생선을 깨끗이 손질해 저녁 반찬을 만들어주셨다. 강변 진흙 갯벌에서는 살짝만 뒤져도 크고 작은 조개들이 나왔다. 조금만 부지런하면 곳곳에서 먹을 것들을 찾을 수 있었다.

청천강 주변에는 밭도 많았다. 인근의 밭에서 언제나 볼 수 있는 것은 쑥쑥 자라는 옥수수였다. 홍주의 고향 평안도에서는 옥수수로 엿을 만들고, 면발을 뽑아 국수도 만들었다. 옥수수엿은 쌀엿보다는 딱딱했지만 달콤한 맛이 진했다. 옥수수 국수를 만들 때면 홍주는 손으로 돌려 면을 뽑는 기계에서 나오는 뽀얀 면발을 빠져들 듯이 쳐다보았다. 청천강에 홍수가 나서 강물이 인근 지역을 휩쓸고 지나가면 강변 곳곳에서는 버섯들도 많이 올라왔다. 농사일에 바쁜 어른들은 버섯을 딸 시간이 없었다. 홍주는 가끔씩 바구니를 가져가 버섯을 가득 채워 왔다.

"아유, 우리 홍주가 버섯을 많이도 따 왔네. 조금만 기다려. 저녁 차려줄게."

홍주의 어머니는 늘 인자하고 따뜻한 표정으로 집에 돌아오는 홍주를 반겨주셨다. 하지만 홍주는 후일 혼자 남쪽으로 내려가면서 일찍 헤어진 어머니의 이름을 기억하지 못했다. 홍주에게는 어머니의 이름을 기억하지 못하는 것이, 일찍 헤어진 것만큼 평생 큰 한으로 남았다.

홍주의 아버지 낙도는 부지런한 농부였다. 농사를 짓는 밭이 집에서 멀리 떨어져 있는 탓에 아버지는 항상 새벽 일찍 집을 나서셨고, 대개는 밤늦게 돌아오곤 하셨다. 달이 밝은 날이면 밤에 혼자 일을 하고 늦게 돌아오시는 날도 있었다. 농사 짓던 작물 가운데에는 목화도 있었다. 목화를 따려면 일손이 많이 필요했지만 일손을 구하기는 어려웠다. 거의 혼자서 일을 하다 보니 홍주의 아버지는 매일 쉬지 않고 일을 할 수밖에 없었다. 벼농사도 얼마간 계속 지으신 덕분에 가을이면 귀한 쌀도 수확했다. 덕분에 홍주는 또래 친구들보다 쌀밥도 자주 먹을 수 있었다. 국민학교(초등학교) 시절에는 가을에 수확한 쌀을 학교에도 조금씩 기부한 덕분에 홍주의 학교생활은 비교적 무난했다.

일 하기 바쁜 홍주의 아버지에게는 친구들이 많지 않았다. 남들과 어울리는 모습도 좀처럼 볼 수 없었다. 대신 가끔 집으로 찾아오는 손님들이 계셨다. 집에서 대략 십 리 정도 떨어진 연산면사무소 근처에 사는 친구들로, 아버지가 일을 마치는 저녁 늦게야 집으로 찾아오셨다. 두런두런 술을 마시면서 이야기를 나눈 손님들 가운데에는 집에서 주무시고 가는 분도 계셨다.

열심히 일을 하는 아버지 덕분에 홍주네 집은 논밭이 계속 늘어났다. 동네 사람들은 홍주의 아버지가 이웃들과 많이 어울리지 않으면서 일만 많이 한다고 수군대기도 했다. 하지만 그렇게 일을 하면서 농지를 계속 늘려 나가는 것에는 별다른 말을 하지 않았다. 홍주 아버지 낙도의 부지런함은 친할아버지 성격을 그대로 빼닮았다. 홍주의 친할아버지 성식도 부지런하면서 엄한

편이었다. 그런 성격 때문에 홍주의 할아버지는 동네 젊은이들이 빈둥거리는 것을 보면 그 자리에서 여지없이 호통을 치셨다. 논밭을 가진 지주이면서 동네 젊은이들에게 호통을 치던 홍주네 집안 어른들의 성격은 후일 공산당 치하에서 화근이 될 수밖에 없었다.

늘 엄하고 무서운 낙도였지만 외아들 홍주에게는 자상한 아버지였다. 어느 해 겨울, 아버지 낙도는 홍주에게 썰매를 하나 건네주셨다.

"홍주야, 이거 받아라."
"이게 뭐예요, 썰매 아니에요?"
"보면 모르겠냐. 이거 강 건너 개천(시) 대장간에서 만들어 온 거다."

여름 내내 놀이터였던 청천강은 겨울에는 대형 썰매장이었다. 강부터 늪지대까지 얼어붙으면 경계도 없는 아주 넓은 얼음 빙판이 만들어졌다. 해마다 한겨울이 되면 아이들이 청천강에서 제각각 만든 썰매를 타고 노는 것을 잘 아는 아버지는 홍주를 위해 썰매를 구해주셨다. 아버지는 대장간 주인과도 가까운 사이였다. 대장간에서 만든 홍주의 썰매는 친구들 사이에서 큰 인기를 얻었다. 홍주의 썰매를 한 번씩 타 보려고 가깝게 지내는 친구들도 있었다. 조용히 흐르는 청천강은 계절이 바뀌어도 늘 많은 것을 내주는 보물같은 젖줄이었다.

홍주의 아버지는 형제가 모두 다섯이었다. 형제들은 낙연과 낙도, 낙균, 낙수, 낙호였다. 홍주의 아버지 낙도는 그 가운데 둘째였다. 어린 홍주는 조상들이 언제부터 평안도 영변 인근에 자리 잡고 살았는지 잘 알지 못했다. 다만 이미 여러 대에 걸쳐 영변 인근에 자리 잡고 살았다는 정도만 어렴풋이 알고 있었다. 아버지는 홍주가 더 자란 뒤에 집안의 뿌리와 내력을 이야기해 주실 생각이었을 것이다. 하지만 홍주는 집안 이야기를 들을 기회가 결국 없었다.

유교적인 풍습을 따랐던 홍주 집안은 1년 내내 제사를 지냈다. 제사는 영변 군 소재지에 살던 숙부 낙수의 집에서 모시곤 했다. 홍주는 소풍 때 외에는 영변까지 갈 일이 별로 없었고, 숙부들을 만날 기회도 적었다. 하지만 제사를 지내는 날이면 영변에서 집안 어른들을 만났다. 홍주는 영변까지 아버지를 따라가는 것이 내심 귀찮기도 했지만, 제사 뒤 여러 제사 음식을 먹을 생각에 가는 길이 즐거웠다.

1945년 8월 15일, 홍주는 평안도 개천(시)의 큰 어머님 댁에 있었다. 일본의 패망과 해방 소식이 갑자기 알려지면서 사람들은 모두 거리로 뛰어나와 기뻐했다. 어린 홍주도 거리로 나가 만세를 불렀다. 하지만 해방 소식과 함께 중공군이 곧바로 압록강을 넘어 내려올 것이라는 소문이 퍼지기 시작했다. 중공군을 피하려는 사람들은 해방이 되자마자 산으로 피란을 떠났다. 홍주 역시 어른들을 따라 산으로 올라갔다. 며칠 뒤 산에서는 내려왔지만 이번에는 청천강을 건너지 못해 집으로 돌아갈 수 없었다. 홍주는 할 수 없이 개천(시) 큰 어머님 집에서 다시 며칠을 머물렀다. 해방은 맞았지만 38선 이북을 공산군이 점령하면서 평안도에 살던 홍주와 가족들 모두 생각지도 못했던 큰 변화를 맞게 되었다.

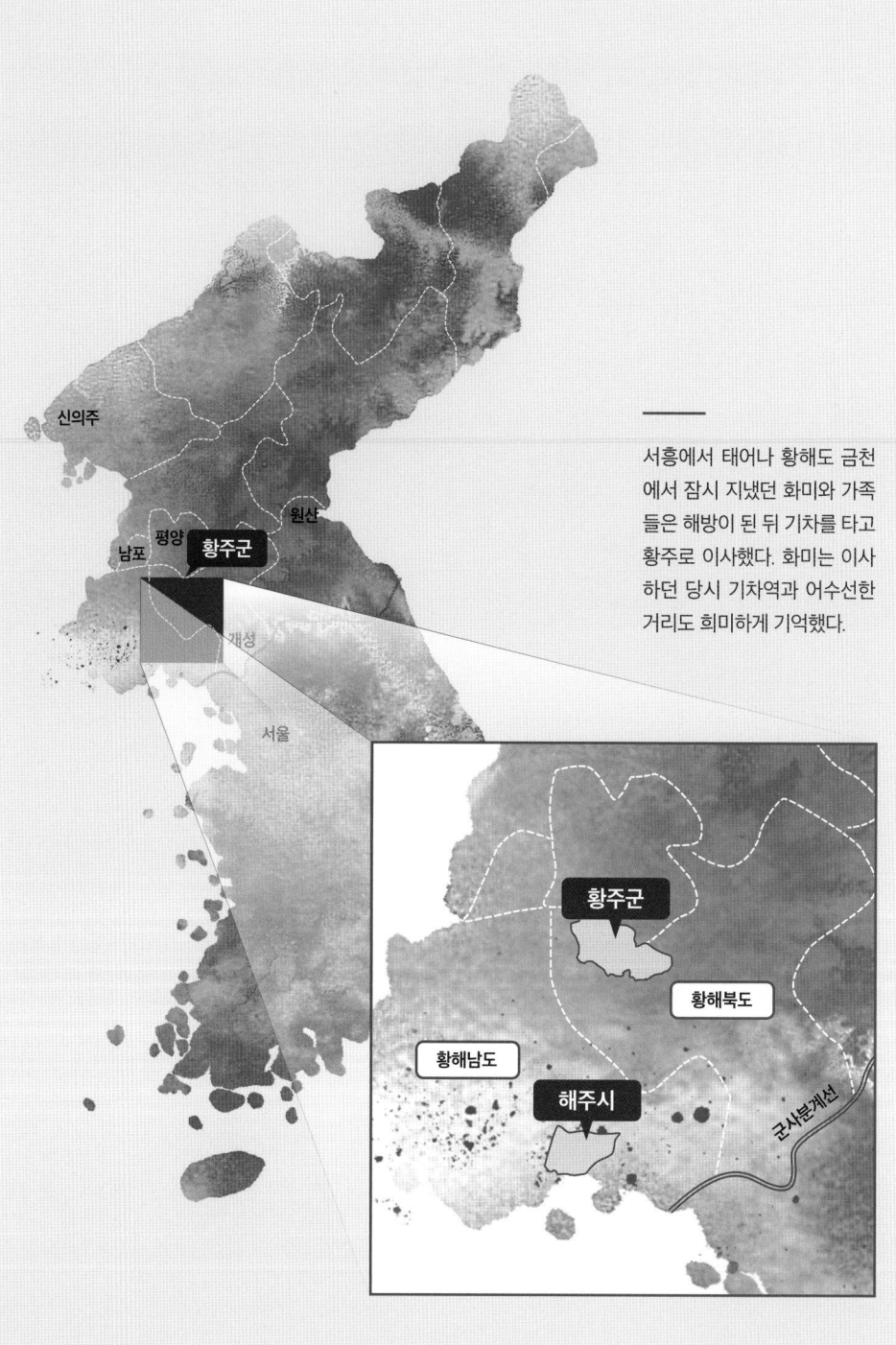

서흥에서 태어나 황해도 금천에서 잠시 지냈던 화미와 가족들은 해방이 된 뒤 기차를 타고 황주로 이사했다. 화미는 이사하던 당시 기차역과 어수선한 거리도 희미하게 기억했다.

황주 소녀 화미

황해도 서흥에서 태어난 화미는 황주에서 자란다. 음악을 좋아하는 화미는 고모들과 삼촌에게 노래 배우는 것이 즐겁다. 해방 이후 남쪽으로 내려간 아버지가 돌아오지 않으면서 생활은 어려워지고, 아버지를 찾으려는 공산당의 압박도 점점 심해진다. 결국 화미의 어머니는 어린 딸들을 데리고 월남하기로 결심한다.

화미의 집에는 사진 앨범이 한 권 있었다. 앨범 속에는 당시 아주 귀했던 부모님의 결혼사진이 들어 있었다. 사진 속에서 하얀 면사포를 쓴 화미의 어머니(지정선)는 얼굴만 내놓은 채 수줍게 웃고 있었다. 아버지(안두훈)와 나란히 찍은 사진 속에 보이는 어머니의 구두는 반짝이고 있었다. 사진들 가운데에는 색동저고리를 입은 채 방긋 웃는 화미도 있었다. 앨범을 몇 장 넘기면 어머니와 아버지가 나란히 선 채 아버지가 화미를 안고 있는 사진도 있었다. 화미는 조그만 아이가 발가락을 쭉 펴고 찍은 사진이 볼 때마다 이상했다. 사진을 찍기 싫어 버둥거렸던 것일까. 화미는 사진을 찍은 기억은 없지만 아마 번쩍이는 램프에 놀랐던 것이라고 생각했다. 집안에 있던 사진 앨범을 보는 것은 화미가 기억하는 첫 번째 놀이였다.

집 앞 개천은 화미가 혼자 시간을 보내기에 좋은 놀이터였다. 맑은 물속에는 조약돌과 모래알들이 일렁이고 있었다. 화미는 심심하면 실개천에 나가 들고 간 걸레를 빨고 물속을 들여다보았다. 화미보다 조금 큰 아이들은 개천 위 언덕이 놀이터였다. 새싹이 돋아나기 전 실개천 언덕에서 아이들은 군데군데서 땅을 팠다. 화미는 자기보다 큰 아이들이 땅에서 무엇을 캐 먹는지 너무 궁금했다. 언니들이 떠난 언덕 위에는 흙 속에 동그랗고 기다란 뿌리 같은 하얀 것들이 남아 있었다. 땅 속에 있는 하얀 뿌리들은 바로 메싹이었다. 흙을 잘 털고 입안에 넣어본 메싹은 달콤하고 아삭한 맛이었다.

화미의 고모들과 어머니는 네 살이던 화미가 집에서 사라진 적이 있다고 하셨다. 화미와 함께 마루 위에 놓아둔 자두 바구니도 함께 사라졌다. 온 집안에서 큰 소동이 벌어진 동안, 화미를 데리고 온 것은 인근의 친척이었다.

"화미 데려왔어요."

"아니 화미가 왜 그 집에?"
"글쎄, 화미가 이 자두 바구니를 들고 왔더라구요."

어른들은 화미가 자두 바구니를 들고 찾아왔다는 이야기를 듣고서야 자초지종을 알 수 있었다. 마루에서 어른들끼리 자두를 친척 집에 가져다 줘야겠다고 이야기하는 것을 들은 화미가 바구니를 들고 혼자 그 집을 찾아갔던 것이다. 자두는 잘 배달됐지만 집안에서는 큰 소동이 벌어졌다. 집안 어른들은 화미가 자라는 내내 두고두고 그 이야기를 꺼냈다.

화미가 태어난 곳은 황해도 서흥이었다. 1941년 1월 31일, 여전히 일제 치하이던 시절이었다. 화미는 자신이 가진 아주 희미한 기억이 광복이 되던 때라고 생각한다. 무언가 사람들이 분주하고 아주 어수선했던 기억이었다. 서흥에서 태어나 황해도 금천에서 잠시 지냈던 화미와 가족들은 해방이 된 뒤 기차를 타고 황주로 이사했다. 화미는 이사하던 당시 기차역과 어수선한 거리도 희미하게 기억했다.

황주 시내에는 빨간 벽돌의 교회 건물이 하나 우뚝 솟아 있었다. 교회는 주변의 초가집이나 허름한 집들과 비교돼 더 높아 보였다. 교회 앞마당에는 커다란 나무에 그네가 매달려 있었고, 누군가 씨름을 했을 법한 모래판도 있었다. 교회 건물 옆에는 러시아인들이 살고 있던 빨간 벽돌집이 한 채 더 있었다. 서양식으로 지어진 붉은색 건물은 교회 건물과 함께 이국적인 분위기를 한껏 뽐냈다.

화미와 비슷한 또래의 파란 눈을 가진 아이들은 교회 마당에서 그네를 탔다. 빨간 벽돌집에 사는 아이들이었다. 같이 어울리진 않았지만 파란 눈의 아이들이 노는 것을 화미는 멀찍이서 지켜보곤 했다. 교회에서는 인근 지역의 아이들을 가르치는 유치원 과정을 운영했다.

화미는 유치원에서 친구들을 사귀며 함께 놀았다. 교회의 덩그런 교실 안에는 벽을 따라 아이들이 앉을 수 있는 긴 의자가 붙어 있었다. 아이들은 의자에 앉아 선생님의 글을 따라 읽고, 글씨공부를 할 때에는 바닥으로 내려와 앉아 있던 의자를 책상 삼아 글씨를 썼다.

어느 날, 누군가 교실 벽에 엿과 같은 것을 붙여 놓은 일이 있었다. 선생님은 웃으면서 누가 그랬는지 물었다. 아무도 대답하지 않았다. 시간이 지나며 점점 화가 난 선생님은 누가 한 일인지 정직하게 나서지 않으면 수업을 하지 않겠다고 하셨다. 다시 한참이 지나도 나서는 친구는 한 명도 없었다. 하필이면 그 다음 수업은 화미가 좋아하는 음악 시간이었다. 화미는 풍금을 치며 노래를 부르는 음악 수업을 빨리 하고 싶은 마음이 앞서서 거짓

자백을 하고 말았다.

"제가 그랬는데요."
"화미가 그랬어? 왜 빨리 이야기 안 했지? 뒤로 나가 서 있어!"

선생님은 화미를 구석에 세워 놓고 벌을 세운 채 음악 수업을 시작했다. 화미가 생각했던 것과는 전혀 다른 결론이었다. 화미는 마음속으로 '내 마음도 모르는 바보 같은 선생님'이라고 생각했다. 하지만 선생님은 다른 친구들과 웃으며 수업을 이어갔고, 화미는 울음이 나는 걸 겨우 참았다.

화미는 어린 시절부터 음악을 좋아했다. 함께 살던 고모 두 분과 삼촌도 모두 음악을 잘했다. 특히 훤칠하게 잘 생긴 임춘길 삼촌은 음악 분야에서 팔방미인이었다. 교회에서는 피아노의 조율을 도맡았고, 아코디언 연주도 잘했고, 노래도 잘했다. 덕분에 화미네 집에서는 아코디언 소리와 노랫소리가 울려 퍼지는 날이 많았다. 여섯 살 무렵에 화미는 삼촌과 고모들에게 '산타루치아'와 '알로히오에', '비디로 가지', '즐거운 나의 집', 오페라 「아이다」의 '개선가'를 배우며 따라 불렀다.

삼촌은 직접 만들었다며 화미에게 노래를 들려주기도 했다. 삼촌의 노래는 늘 아코디언 연주로 마무리 됐다. 화미가 기억하는 노래의 가사는 대략 이렇다.

> 적벽강에 달 깨질 때 월파루에 홀로 올라
> 수풍금을 부여 안고 님 그리워 했더니
> 지나간 밤 고요한 꿈에 우리 님 와서 즐기더라

황해도 황주의 월파루는 유명한 명승지다. 화미는 삼촌을 따라, 황주 명덕국민학교 옆 언덕길로 올라가 강물이 바로 내려다보이는 절벽 위 월파루에 올라가곤 했다. 하지만 높은 곳에서 겁이 난 화미는 절벽 아래를 제대로 쳐다보지는 못했다. 어린 시절 삼촌과 올랐던 월파루는 다시 가볼 기회가 없었다.

↖ 청년시절의 두훈

음악을 좋아했던 춘길 삼촌은 전쟁 전 북한 전역에서 진행됐던 반공청년 체포 광풍 속에 어느 날 공산당원들에게 붙잡혀 갔다. 가족들은 삼촌이 왜 잡혀갔는지조차 알 수 없었다. 재판에서 20년 형을 선고받은 삼촌은 결국 함경도의 악명 높은 아오지탄광으로 끌려갔다. 할머니와 큰 고모는 아오지까지 삼촌을 만나러 다녀오기도 했다. 가족과 친척들 모두 안타까워했지만 삼촌을 구해 낼 방법은 없었다. 더구나 공산당의 일방적인 통치와 횡포가 점점 더 심해지며, 가족들은 그 뒤 삼촌의 소식을 알 수 없었다.

화미의 아버지 두훈은 해방 뒤 무 장사를 시작했다. 황해도에서 수확한 무를 해주에서 배에 싣고 서울 마포나루 장터로 가져가 파는 일이었다. 두훈은 몇 차례 그럭저럭 무를 팔고 돌아올 수 있었다. 그러던 어느 날, 여느 때처럼 무를 팔러 간 아버지가 다시 돌아오지 않았다. 싣고 가던 무 더미에 선박 기관의 증기가 닿으면서 모두 상해 버리는 사고가 벌어진 후였다. 북과 남을 오가며 장사를 하는 것도 점점 더 어려워지던 시기였다. 아버지 두훈의 소식은 알 길이 없었고, 황주에는 어머니와 화미, 화영 두 딸만 남게 되었다.

남쪽으로 간 아버지가 돌아오지 않자 황주의 공산당 보위부에서는 어머니를 여러 차례 불러 아버지의 행방을 캐물었다. 북에 남은 가족들이 모두 반동 가족으로 몰리는 위험한 상황이었다. 생활은 점점 더 어려워질 것이 불을 보듯 뻔했다. 화미는 당시 아버지가 서울에서 돌아오지 못한 이유가 해방 전 관공서에서 일한 것 때문이었을 것이라고 나중에야 생각했다. 공산당의 보이지 않는 위협은 실제로 점점 더 가까워지는 상황이었고, 만일 그때 아버지가 서울에서 돌아왔다면 아버지의 안전은 아무도 장담할 수 없었다.

 어머니 정선은 결국 어린 딸 화미와 화영을 데리고 38선을 넘어 남쪽으로 내려가기로 결심했다.

혼자가 된
소년

해방 뒤 홍주의 아버지 형제들은 좌우로 갈라진다. 평생 땀 흘려 토지를 늘린 홍주 아버지는 지주 계급으로 몰린다. 자유를 찾으려는 아버지 형제들은 결국 월남을 택한다. 해방과 전쟁으로 형제들의 운명도 갈라진다. 큰아버지를 따라 남으로 온 어린 홍주는 잠시 금산에 정착한다. 미처 남으로 내려오지 못한 아버지, 어머니의 소식은 평생 알 길이 없다.

1945년, 해방 뒤 얼마 지나서 않아 러시아인들이 영변 인근에 나타나기 시작했다. 처음 보는 이상하게 생긴 마차를 끌고 다니는 러시아인들을 동네 사람들은 '로스케'라고 불렀다. 로스케는 주로 일본인들이 러시아인들을 낮춰 부르는 비속이었다. 하지만 동네 어른들이나 아이들 모두 러시아인들을 로스케라고 불렀다. 로스케들은 러시아에서부터 둥글게 생긴 그 마차를 타고 평안도까지 내려왔다고 한다. 러시아인들은 마을에서 돼지나 닭을 마구 잡아먹었고, 말 그대로 무법천지였다. 마을 사람들은 로스케들이 무서워 멀리서 보이면 피해 다니곤 했다. 경찰도 군도 없던 시절, 그들을 저지하는 사람들은 아무도 없었다. 마을 어른들은 그 러시아인들이 원래 죄수들이었을 거라고 이야기했다.

모두가 두려워하는 로스케들에게 겁도 없이 다가가는 것은 아이들이었다. 아이들은 처음 보는 서양인들이 두렵기보다는 신기했다. 로스케들은 자신들을 궁금하게 쳐다보는 아이들을 마차에 태워주기도 했다. 홍주도 친구들과 함께 마차에 올라 타 봤지만 생각만큼 무서운 느낌이 들지는 않았다.

해방 직후 마을은 분위기가 많이 바뀌었다. 갑자기 등장한 김일성이라는 인물의 이름 석 자는 나이 어린 홍주도 알게 되었다. 홍주도 급박하게 바뀌는 세상의 분위기를 어렴풋이 느낄 수 있었다. 조용하던 마을에는 붉은 완장을 찬 사람들이 돌아다니는 모습이 점점 더 자주 보였다.

홍주 아버지 형제들의 운명은 엇갈리기 시작했다. 형제들 가운데 막내였던 낙호는 곧바로 공산당에 가입해 열심히 활동했다. 낙호는 홍주의 새할머니가 데리고 들어온 배다른 숙부였다. 낙호는 자신이 서자인 탓에 가족들 사이에서 설움을 받았다는 생각을 내심 가지고 있었다. 그래서 공산당이 들어와 세상을 장악하면 모든 것들이 바뀔 것으로 기대했다.

다른 집들보다 농지가 많고, 빌려준 땅에서 가을이면 얼마씩

소출도 받던 홍주네는 지주 집안으로 지목됐다. 홍주의 아버지는 할아버지에게 크게 물려받은 것 없이 열심히 일을 하며 재산을 늘렸지만 그건 중요하지 않았다. 아버지 형제들 사이에서도 해방 이후 이념의 대립은 점점 더 심각해지는 상황이었다.

홍주 아버지 형제 가운데 큰아버지 낙연은 일제 강점기 시절 전매서(담배 관련 업무를 담당하던 관공서)에서 일했다. 해방 직후, 위험을 느낀 큰아버지는 곧바로 고향을 떠났다. 홍주는 큰아버지가 트럭 한 대에 가족을 모두 태우고 달이 밝은 밤에 남쪽으로 내려가셨다는 말을 들었다. 홍주 아버지 형제 가운데 셋째인 낙균은 평안남도 성천에서 장사를 하고 있었다. 당시 일본에서 이것저것 물건을 떼다 팔아 제법 장사도 잘 되는 편이었다. 넷째 낙수는 영변의 농업학교에서 일을 하고 있었다. 하지만 해방과 함께 38선 이북을 장악한 공산 정권 아래에서는 모든 것이 불안했고 앞날을 예측할 수 없었다. 불안함 속에 고향을 버리고 자유를 찾아 남쪽으로 내려가는 이들은 계속 늘어났다.

홍주의 아버지에게는 두 명의 부인이 있었다. 홍주의 할아버지는 아들 낙도가 열 세 살이 되던 해에 일곱 살이나 나이가 많은 며느리를 맞았다. 며느리가 빨리 들어와 일을 해주길 바라는 마음이셨다고 한다. 하지만 첫째 부인은 늘 편찮으신 편이었고 여러 해가 지나도 아이를 낳지 못했다. 부모님의 권유로 낙도는 두 번째 부인을 맞았다. 개천(시)에서 살던 홍주의 아버지는 영변 화천리에 집을 따로 구했다. 화천리는 개천과 영변 사이에 있어서 양쪽을 모두 오가기에 좋은 곳이었다. 홍주가 화천리에서 태어나던 해에 첫 번째 부인의 딸 영선(가명)도 태어났다.

1947년이 되면서 홍주의 아버지 형제들은 남쪽으로 떠날 준비를 조용히 시작했다. 당시 남쪽으로 내려가는 가장 흔한 방법은 한밤중에 황해도 해주에서 배를 타고 내려가는 것이었다. 군인들의 경계는 심했지만 안내자만 잘 만나면 38선 이남까지 무사히 도착할 수 있었다.

해주까지 내려가는 기차를 타기 위해 집안 형제들과 가족들은 4월의 어느 날 개천시 큰어머님 댁에 모였다. 해방 직후 남쪽으로 내려간 큰아버지와 공산당에 가입한 작은아버지를 제외하고도 친할아버지와 세 명의 아들, 그리고 자녀들까지 대가족이었다.

그 자리에서 홍주의 아버지는 한 자리에 모인 가족들에게 자신은 조금 더 있다 내려가겠다고 했다. 가족들을 먼저 보내고 재산을 조금이라도 정리한 뒤 뒤따라 내려갈 생각이었다. 형제들은 너무 오래 지체하지만 않으면 괜찮을 것이라고 생각했다. 집안 가족들이 모였던 개천시의 큰어머님 댁은 비행장이 바로 뒤에 있었고, 방도 여러 개가 있는 제법 큰 집이었다.

낙균과 낙수 두 아들과 아버지(홍주의 친할아버지)가 남쪽으로 떠날 준비를 마친 날 밤, 갑작스런 일이 벌어졌다. 고향을 버리고 야반도주하는 것을 비관하여 술을 드신 아버지가 뭔지 모를 약을 드시고 세상을 떠난 것이다. 갑작스런 상황에 형제들은 당황했다. 그대로 남쪽으로 출발하기는 어려웠다.

　결국 형제들은 아버지 상을 치른 뒤 남쪽으로 출발하기로 결정했다. 장례는 주변에 알리지도 못한 채 조용히 치러졌다. 고향을 몰래 떠나게 된 두 아들과 고향에 잠시 더 남아있기로 한 낙도까지 세 아들은 흙으로만 덮어 아버지 산소를 급히 만들었다. 남쪽으로 떠나는 두 아들은 아버지의 묘소에 마지막 절을 하며 꼭 돌아올 것을 약속드렸다. 시간이 걸리더라도 다시 돌아와 묘소를 제대로 돌보겠다는 생각에 아들들은 그나마 발길을 뗄 수 있었다.

　급히 초상을 치른 뒤 기차역으로 출발하는 날 아침, 이번에는 함께 내려가기로 했던 둘째 부인인 홍주의 어머니 대신 첫째 부인이 먼저 내려가겠다고 나섰다. 남쪽의 큰아버지는 홍주와 홍주의 어머니를 먼저 내려오라고 전해오셨고, 형제들은 다들 그렇게 계획하고 있었다. 하지만 출발 직전 첫째 부인이 갑작스런 주장을 하자 어른들은 당황했다. 누구에게 남으라고 이야기를 하기도 어려운 순간이었다. 적막이 이어지는 순간, 홍주의 어머니가 먼저 말을 꺼냈다.

"그러면 제가 남을게요, 형님이 먼저 내려가세요. 제가 홍주 아버지 모시고 같이 내려갈게요."

홍주 어머니의 결심으로 일행은 바로 출발할 수 있었다. 만약 두 사람 모두 먼저 내려가겠다고 나섰으면 출발은 다시 늦어졌을 것이다.

기차역에서 배웅을 하는 것이 위험하다고 생각한 형제들은 개천시의 집에서 헤어졌다. 홍주는 부모님을 남쪽에서 조만간 다시 만날 것이라고 생각했다. 이별의 순간은 길지 않았고, 어렵지도 않았다. 그것이 살아생전 마지막으로 부모님을 보는 순간이 될 줄을 홍주는 꿈에서도 알 수 없었다. 함께한 기억이 많지 않은 하나뿐인 동생 명신과도 그렇게 헤어졌다. 헤어지던 당시 아버지 낙도의 나이는 마흔두 살이었다.

홍주는 평생 동안 아버지와 어머니가 왜 고향에 남았을까 생각했다. 아버지는 땀 흘려 일구고 가꿔 온 농지를 하루아침에 모두 버리고 떠나는 것이 아까웠을 것이다. 공산당들의 세상이 됐지만, 공산당원인 막냇동생 낙호가 지켜줄 수 있을 것이라는 기대도 했을 것이다. 어쩌면 공산당 치하가 오래가지 않기를 바라며 고향을 지키려고 했을지도 모른다. 하지만 공산당 치하에서 시일을 더 끌면서 재산을 정리하려고 했더라도, 가족들이 남쪽으로 내려간 사실까지 알려진 뒤에는 모든 것이 계획대로 진행되지 않았을 것이다. 홍주는 아버지와 어머니가 모든 재산을 빼앗긴 뒤 비참하게 생활하다 돌아가셨다는 이야기를 세월이 많이 흐른 뒤에야 전해 들었다. 하나뿐인 여동생 역시 일찍 세상을 떠났다는 소식도 들었다.

어머니는 마음이 더 복잡했을 것이다. 어머니는 홍주를 데리고 먼저 남쪽으로 내려올 계획이었지만 갑자기 북에 남게 되었다. 홍주는 어머니가 개천시에서 북에 남을지 선택을 해야 하는 순간, 많은 생각을 하셨을 것이라고 평생 상상했다.

아버지는 동골 고향집에서 홍주의 가족들과 사셨지만 개천시에 있는 가족들도 돌보면서 말 그대로 두 집 살림을 하셨다. 홍주는 아버지의 첫째 부인이 남으로 먼저 내려가겠다고 나서는 상황에서 둘째 부인인 어머니가 본인이라도 남아 아버지를 모시겠다는 결심을 했을 것이라고 생각했다. 홍주의 어머니는 첫째 부인이 갑자기 남쪽으로 내려가겠다고 나선 상황에서 본인까지 내려가겠다고 나설 성격이 아니었다. 얼마 뒤 아버지를 모시고 남쪽으로 내려가 홍주와 다시 살 게 될 것이라는 생각도 했을 것이다. 어쩌면 가족들이 모두 고향으로 돌아와 함께 사는 날을 기대했을지도 모른다. 홍주는 아버지와 함께 북에 남겠다고 한 어머니의 결정이 원망스러운 때도 있었다.

홍주는 영변에서 헤어진 어머니의 이름이 평생 떠오르지 않았다. 기억해 보려고 아무리 애를 써도 인자하게 웃으며 바라보는 모습만 떠올랐다. 홍주는 어머니의 이름을 기억 못한 것이 평생 마음 아팠다. 두 분이 언제 어느 곳에서 세상을 떠나셨더라도, 눈을 감는 순간에는 자신을 떠올리며 걱정하셨을 거라고 생각했다.

고향을 등진 일행은 개천의 기차역에서 증기기관차에 올랐다. 시커먼 석탄을 태우는 기차는 시끄러웠지만 깨끗했고, 화장실에는 변기도 있었다. 홍주는 기차 안을 오가며 구경하기에 바빴다. 부모님과 헤어졌다는 사실은 금방 잊어버렸고, 마치 여행을 가는 기분이었다. 기차를 타고 도착한 평양에서는 여관에 묵었다. 일행이 묵은 여관은 하얀 양변기에 수도를 돌리면 물이 나오는 아주 깨끗한 건물이었다. 홍주 일행은 그곳에서 하룻밤을 묵은 뒤 다시 기차를 타고 해주시로 향했다.

다음 날 아침, 여관을 나와 한참을 걸어간 홍주는 모자를 방에 두고 나온 것을 뒤늦게 깨달았다. 홍주가 쓰고 있던 학생용 검정색 모자는 어머니가 구해주신 것이었다. 어머니는 홍주와 헤어지며 모자를 잘 보관하라고 특별히 당부하셨다.

"홍주야, 모자는 잘 쓰고 다니고 절대로 잃어버리면 안 돼. 엄마가 모자 안에 돈을 조금 넣어 두었으니까 나중에 꺼내서 써.

그 이야기는 아무한테도 하면 안 된다. 어른들 말씀 잘 듣고, 조심해야 한다."

여관에서 나온 뒤 한참을 걸어간 뒤에야 모자를 떠올린 홍주는 정신없이 여관으로 달려갔다. 모자는 다행히 방 안에 그대로 남아 있었다. 어머니의 마지막 선물을 다시 손에 넣은 홍주는 일행에게도 모자의 비밀을 끝까지 이야기하지 않았다.

남쪽으로 내려가는 홍주와 어른들 일행은 모두 비단 짐을 지고 있었다. 명주라고도 부르던 비단은 영변 지역의 특산품이었다. 어른들은 남쪽에 도착하면 비단을 팔아 급한 생활비로 쓸 수 있을 것이라고 생각했다. 짐은 커다란 주머니를 만들어 안에 비단을 넣고 위를 묶은 볼품없는 모양이었다. 홍주 역시 제법 무거운 비단 짐을 지고 길을 나섰다.

해주시에서 이틀 가량을 묵은 뒤 4월의 제법 차가운 새벽에 홍주네 일행은 가까운 곳으로 가 배를 탔다. 날이 완전히 밝기 전, 조심스럽게 배를 타고 강을 거슬러 이동한 끝에 일행은 모래밭에 내렸다. 모두 짐을 진 채 발목까지 차가운 강물에 빠지긴 했지만 안전한 곳이었다. 무사히 남쪽에 도착했다는 생각에 일행은 모두들 기쁜 표정이었다. 홍주와 일행이 배를 타고 내렸던 곳은 예성강이었다. 예성강 바로 아래에는 해방 이후 38선 아래 남쪽 지역이었던 개성시가 있었다.

홍주네 일행은 경찰로 보이는 이들의 안내를 받아 개성시의 피란민 수용소로 향했다. UN군이 운영하던 개성 피란민 수용소는 자유를 찾아 38선 이남으로 내려오는 이들이 제일 먼저 거치는 곳이었다. 하얀 가운을 걸친 이들은 수용소로 들어오는 이들에게 머리부터 옷 속까지 흰색 가루를 뿌렸다. 흰색 가루는 벼룩이나 이를 잡기 위한 DDT 가루였다.

홍주 일행은 수용소의 커다란 군용 텐트에서 함께 생활했다. 끼니마다 식사는 했지만 쌀은 풀기가 전혀 없었고, 밥을 먹는 것 같지 않았다. 반찬은 단무지가 전부였다. 텐트 안에서는 바닥에 가마니를 깔고 잠을 청했다. 열흘 정도를 수용소에서 지내는 사이 이런저런 불편은 많았지만 일행은 모두 무사히 내려온 것이 다행이라 생각했다.

남쪽에 있는 친지와 연결되지 않으면 수용소에서는 쉽게 나갈 수 없었다. 홍주네 일행보다 훨씬 오래 전에 들어왔지만 나가지 못하는 이들도 있었다. 일행은 남쪽에 먼저 내려와 자리를 잡은 큰아버지 덕분에 다행히 수용소 생활을 길게 하지 않았다. 가족들을 데리고 먼저 남쪽으로 내려간 뒤 황해도에서 잠시 전매서장을 하신 홍주의 큰아버지는 다시 금산에서 전매서장을 하고 계셨다. 당시 전매본부의 장하정이라는 높은 어르신이 큰아버지에게 경기도의 전매서장 자리를 권했지만, 큰아버지는 금산의 전매서장을 택하셨다.

금산은 해방 직후 전라북도에 속해 있었다. 담배와 인삼 농사를 많이 지으면서 전매 사업도 아주 활발한 곳이었다. 홍주의 큰아버지는 그런 점을 보고 금산의 전매서장을 택하셨다. 또 서울과 인근 지역에 비해 발전이 늦었지만 38선에서 멀리 떨어져 있어서 훨씬 안전하다고 생각하셨기 때문이었다. 수용소를 나온 일행은 기차를 타고 대전까지 내려간 뒤, 금산까지는 버스를 타고 이동했다. 남녘 땅에서 졸지에 홀로 된 소년 홍주의 고단한 삶이 예고되고 있었다.

위기의
38선 월남

화미의 어머니는 38선을 넘어 월남할 준비를 조용히 시작한다. 어머니는 어린 두 딸을 데리고 추운 겨울 철원과 원산을 오가며 친척들의 도움도 받는다. 남쪽으로 내려가는 길에는 안내원을 따라 여러 일행이 동행하고 강을 건너며 위험천만한 순간들도 맞는다. 무사히 남쪽에 도착한 화미 가족은 개성에서 아버지를 다시 만나 가족이 모여 살게 된다.

1946년 여름, 여섯 살이던 화미는 어머니를 따라 태어난 지 겨우 두 달이 지난 동생 화영과 함께 평양에 들렀다. 당시 평양에는 화미의 외할머니가 살고 계셨다. 외할머니를 만난 화미네 일행은 다시 외할머니의 친정이 있던 강원도 철원으로 향했다. 철원까지는 곧바로 가는 기차가 없었고, 원산으로 간 뒤 철원행 기차를 갈아 타야 했다.

철원역에 도착했을 때에는 이미 사방이 캄캄해진 뒤였다. 처음 들른 곳의 어두운 풍경이 무서웠지만 외할머니가 앞장서시고 뒤에는 어머니가 따라오셔서 화미는 마음이 놓였다. 좁은 논둑길을 지날 때에는 논에서 찰박거리는 소리가 계속 들렸다. 화미는 물소리가 들릴 때마다 귀가 쫑긋 서는 느낌이었다. 화미가 무서워한다고 생각하신 외할머니는 화미에게 무슨 소리인지 이야기를 해주셨다.

"물소리 같은 게 들리지?"
"네."
"그건 붕어들이 얕은 물에서 자기들끼리 놀면서 나는 소리야."

화미는 붕어들이 보고 싶어졌다. 가던 길을 멈춘 화미는 논으로 다가가 붕어를 찾아보려 했지만 사방은 너무 캄캄했다. 발자국 소리를 들은 붕어들도 잠시 조용히 있는 듯했다.

할머니는 화미에게 조금만 더 가면 된다고 계속 이야기해주셨다. 하지만 멀리 보이는 시커먼 산은 좀처럼 가까워지지 않았다. 가도 가도 그 자리인 듯 길은 꾸불꾸불 이어졌다. 얼마나 걸었는지도 모른 채 한밤중에 겨우 외갓집에 도착한 화미는 그대로 잠이 들었다.

다음 날 아침, 외갓집에서는 모든 어른들이 화미 자매와 어머니를 반겨주셨다. 외할머니의 올케, 어머니의 외사촌들은 쌀가루를 빻아 기주떡을 해주셨다. 화미 어머니 정선의 큰 외삼촌인 이정준 할아버지는 막대기로 복숭아 나뭇가지를 흔들어 개복숭아를 따주셨다. 화미는 개복숭아라는 이름이 신기했고, 아작아작 소리를 내며 먹는 개복숭아가 너무나 맛있었다. 먹다보면 나중에 씨가 똑 떨어지는 것도 재미있었다.

할아버지는 화미를 가까운 산골짜기 개울에도 데려가셨다. 맑게 비치는 개울 바닥에는 다슬기들이 새까맣게 붙어 있었다. 할아버지가 가르쳐 주시는 대로 하나씩 잡으니 바구니는 금방 다슬기로 가득 찼다. 집에 돌아와 다슬기를 삶아 바늘로 빼 먹는 재미에 외갓집까지 먼 길을 찾아온 고단함은 하루 만에 사라졌다. 이정준 할아버지는 후일 한국전쟁이 한창이던 시절, 거제도에서 화미 가족과 극적으로 다시 만나 가족들에게 많은 도움을 주셨다.

화미 어머니 정선은 철원에 방문하기 전, 그해 4월에 둘째 화영을 낳았다. 화영을 낳은 정선은 출산 후유증으로 심한 두드러기가 났다. 얼굴에 콩알 크기의 여드름 비슷한 두드러기가 잔뜩 올라왔고 고생도 심했다. 별다른 치료 방법이 없자 화미의 외할머니는 정선에게 인근 폭포에 가볼 것을 권했다. 그 폭포수를 맞으면 피부병이 씻겨 나가는 효험이 있다는 것이었다. 화미는 그 폭포를 어른들이 '청파데이'라고 불렀던 것으로 기억했다. 황주에는 '청파대'라는 마을이 있고, 후일 구석기시대 유적이 발견된 청파대 동굴이 있는 것으로 미뤄, 청파대 인근에 있는 폭포로 추정된다.

외할머니의 충고대로 정선은 어느 날 화미와 화영을 데리고 산으로 올라갔다. 온통 바위뿐인 산에 있는 폭포는 아주 높지는 않았다. 가지고 간 얇은 포대기를 바위에 깔고 여섯 살인 화미에게 화영을 돌보라고 한 정선은 천을 뒤집어쓰고 폭포 아래로 들어가 떨어지는 물을 맞았다. 폭포에는 정선처럼 물을 맞으러 온 사람들이 여러 명 있었다. 정선은 오전 내내 폭포수를 맞은 뒤 잠시 쉬다가 오후에도 폭포에 들어갔다. 하루 종일 폭포수를 맞은 뒤 신기하게도 이튿날부터 두드러기가 정말로 사라지기 시작했다. 그때 정선의 출산 후유증이 빨리 낫지 않았더라면 철원 방문은 아마 훨씬 뒤로 늦춰졌을 것이다.

철원에 다녀온 이듬해인 1947년 1월 추운 겨울날, 화미는 동생 화영을 업은 어머니를 따라 다시 길을 나섰다. 이번에는 목적지가 원산이었다. 평양역에서 탄 기차는 철원에 갈 때 탔던 기차보다 시설이 훨씬 좋았다. 좌석은 모두 반짝이는 비로도(벨벳) 천 커버로 씌워져 있었다. 화미와 어린 화영 덕분에 세 모녀는 모자 칸에 탈 수 있었다. 하지만 한참을 기다려도 기차는 움직이지 않았다. 지루한 시간이 더 지나간 뒤, 누군가 객실로 와서 모두 내리라고 이야기했다.

추위 속에 바깥에서 한참을 기다리던 화미 일행은 딱딱한 의자가 있는 객차로 옮겨 타야 했다. 그 사이 화미 가족이 먼저 탔던 객실에는 러시아인들로 보이는 외국인 군인들이 잔뜩 올라탔다. 좋은 객실은 군인들이 모두 차지했던 것이다. 기차는 그 뒤로도 한참 동안 출발하지 않았고 날씨는 너무 추웠다. 원산까지 가는 동안 기차 안은 한겨울인데도 난방이 되지 않았다. 모두가 추웠지만 객실 안의 다른 승객들은 어린 화미와 화영을 더 걱정해 주었다. 화미 자매는 어머니가 화영을 업고 온 이불을 얼굴까지 덮어쓰고 겨우 추위를 피할 수 있었다.

원산역에 도착하자 어머니는 화미와 화영을 역 앞의 한 음식점에 데리고 들어갔다. 온면을 파는 식당이었다. 제법 큰 식당 안은 따뜻한 기운으로 가득했다. 주방과 손님들의 방은 구분 없이 모두 연결돼 있었고, 손님들은 먼 끝에서도 주방에서 면을 삶는 모습을 볼 수 있었다. 커다란 솥 위에는 국수틀이 걸려 있고, 국수 면발은 뽑혀 나오는 대로 솥에서 삶아졌다. 면을 삶는 솥에서 나오는 뜨거운 열기와 구수한 냄새는 각 방까지 그대로 퍼지면서 식당 안은 따뜻했다. 북방지역에서 집 전체를 따뜻하게 덥히는 방식의 구조였다. 방으로 들어간 어머니는 두 딸을 따뜻한 바닥에 누이고 이불을 덮어주셨다. 따뜻한 방에서 몸이 녹은 어린 자매가 잠이 들려는 사이 온면이 나왔다. 화미는 그날 밤 먹은 온면의 맛을 평생 잊을 수 없었다.

화미 어머니 정선이 딸들을 데리고 추운 겨울에 철원과 원산을 오갔던 것은 남쪽으로 내려갈 준비를 하는 것이었다. 정선은 친정이 있는 철원과 원산 인근에서 가족들을 남쪽으로 데려다 줄 수 있는 믿을 만한 사람을 조용히 수소문했다. 남편이 먼저 월남한 뒤 혼자서 차근차근 준비를 하던 어머니는 1947년 2월, 어린 두 딸 화미와 화영을 데리고 남쪽으로 향했다. 어머니 정선의 나이는 불과 스물일곱 살이었다. 후일 화미와 결혼해 가족을 이룬 영변 소년 홍주가 남쪽으로 내려가기 두 달 전이었다.

화미 어머니에게는 정수라는 이름의 친오빠가 한 분 계셨다. 화미의 외삼촌 정수는 숭실중학교 축구선수 출신이었다. 정수는 해방 전 중학교를 졸업한 뒤 직장 생활을 하고 있었다. 그러나 해방 뒤 혼란하던 시절, 이념 논쟁에 휩쓸리면서 위험한 순간들을 맞았다. 정수는 어느 날 식당에서 공산당원들에게 둘러싸여 꼼짝없이 체포될 처지에 놓였다. 다행히 위급한 상황을 눈치챈 식당 주인은 정수가 뒷방을 통해 도망갈 수 있게 도와주었다. 맨발로 달아난 정수는 그 길로 남쪽으로 내려갔다. 나중에 화미와 가족들이 월남한 뒤 다시 만나게 된 정수는 화미의 아버지와 같은 부대에서 근무하기도 하면서 계속 가깝게 지낼 수 있었다.

자유를 찾아 남쪽으로 내려가는 길에는 사돈 오빠 이지성도 동행했다. 정선에게는 형부의 조카였던 지성은 북에서 비교적 잘 살았지만 위험한 길을 함께 나섰다. 역시 북에서는 더 이상 자유롭지 않았고 안전하지 않을 것이라는 생각 때문이었다. 화미는 지성 오빠의 등에 업혀서 움직이는 때가 많았다. 황주의 집을 나선 가족들은 먼저 해주로 이동했다. 해주에서는 여관방에서 조용히 머물러야 했다.

"화미야, 동생하고 방에서 절대로 나가면 안 돼, 알았지?"
"왜요?"
"우리를 아는 황주 사람들이 주변에 많이 있거든. 그러니까 절대로 나가면 안 돼."

어린 화미도 무언가 긴박하고 조심스런 상황임을 알 수 있었고, 어머니의 말씀대로 조용히 방 안에 있었다. 이틀 가량을 기다린 뒤 화미 일행은 남쪽으로 내려가는 길을 안내해줄 안내원을 여관에서 만났다. 정선은 안내원에게 3천 원을 주면서 가족들의 월남을 부탁했다. 안내원은 가져온 지게에 이불과 옷가지 등 짐을 지고 앞장섰다.
안내원을 따라 나선 길은 긴장의 연속이었다. 이불 짐을 둘러

멘 안내원은 화미 일행을 사람이 별로 다니지 않는 산길 등으로 익숙하게 안내했다. 남쪽으로 나선 화미 일행의 모습은 누가 봐도 피란민이었다. 안내원을 따라 어둠 속에서 한참 이동한 뒤, 산 속의 오두막에 도착했다. 오두막에는 이미 스무 명 가량의 사람들이 모여 있었다. 화미와 가족들을 본 사람들은 어머니 등에 업힌 화영을 보고 불만스러운 표정을 지었다.

"아니, 그런 어린 애를 여기 데려오면 어떡합니까?"
"가다가 울기라도 하면 어쩌려구요? 우리 다 잡혀 죽어요."

오두막 안에 있다가 화미 일행을 본 이들은 다들 한마디씩 했다. 남으로 무사히 갈 수 있을까 하는 불안한 마음 때문이었다.

"아이가 아주 순합니다, 여기 오두막까지 오는데도 한 번도 울지 않고 업혀서 계속 자더라구요."

안내원이 아이 걱정은 안 해도 된다는 말로 직접 설득하자 사람들은 더 이상 말을 꺼내지 않았다. 이미 화미 일행을 다시 돌려보내기도 어려운 상황이었다. 안내원 덕분에 화미 일행은 겨우 다른 이들과 함께 움직이게 되었다.

다음 날 새벽, 오두막 안에 모인 사람들은 다시 짐을 꾸리며 나설 준비를 했다. 신경은 온통 날카로워져 있었고, 표정도 모두 굳어 있었다. 안내원 외에는 아무도 말을 하지 않았다. 오두막을 나선 뒤에는 골짜기로 길이 이어졌다. 앞장서서 소리를 죽여 가며 산길을 안내하던 안내원은 어느 순간 일행에게 급히 엎드리라고 했다. 언덕 위쪽으로 움직이는 사람들의 그림자가 어른거리며 보였다. 총을 든 군인들이 분명했다. 화미는 그 순간 심장이 멎는 것만 같았다. 남쪽으로 내려오면서 가장 무서웠던 순간이었다.

언덕 위에서 어른거리던 그림자들이 사라지자 일행은 다시 움직이기 시작했다. 군인들이 지나간 언덕 위로 올라가자 눈앞에 강이 나타났다. 멀리 동이 트기 시작하면서 주변은 조금씩 환해지고 있었다. 일행은 배를 타는 대신, 물속으로 들어가 그대로 강을 건너기 시작했다. 화미는 지성 오빠의 등에 업혀 강을 건넜다. 강에는 살얼음이 언 곳이 있었고 쌓인 눈이 남아 있는 곳들도 있었다. 다행히 강물은 정강이 정도까지만 차올랐고 일행은 무사히 강을 건넜다.

"이제 자유의 땅입니다. 안심하셔도 됩니다."

강을 건너자 안내원은 웃으면서 일행에게 짧게 말했다. 무사히 남쪽 땅에 도착한 것이다. 숨을 죽이고 발자국 소리도 나지 않게 조심하던 일행의 표정은 그제야 밝아졌다. 서로 끌어안고 우는 이들도 있었다. 화미 어머니 정선은 당시 둘째 딸 화영이 한 번도 깨지 않고 잠을 잔 것과 무사히 강을 건넌 것이 하나님의 도움이었다고 늘 이야기하셨다.

스물일곱 살이던 화미의 어머니 정선은 어린 두 딸을 데리고 그렇게 사선인 38선을 넘었다. 정선은 당시 강을 건너면서 모래밭에서 시체들을 봤다고 훗날 화미에게 이야기해주셨다. 물때를 잘못 알고 물이 들어오는 시점에 강을 건너려다 강 한가운데 고립되거나, 경비병들에게 발견되면 총탄을 맞게 되는 위험한 지역이었다. 화미는 당시 건넜던 강을 오랫동안 임진강이라고 생각했다. 그러나 전쟁 전 임진강의 북쪽은 공산 치하가 아닌 남쪽 땅이었다. 38선이 지나는 지점들을 생각하면 화미 일행이 건넜던 강은 예성강이었던 것으로 보인다.

안내원은 강의 수량이 적고 물이 가장 많이 빠진 겨울철 새벽 시간을 이용해 스무 명이 넘는 일행을 데리고 무사히 강을 건넜다. 일행의 고맙다는 인사에 안내원은 일일이 조심하라고 인사를 하며 자신은 다시 북으로 돌아갈 것이라고 말했다. 아마 그 안내원은 또 다른 일행을 데리고 여러 차례 더 위험한 길을 넘나들었을 것이다.

강 건너에는 화미를 업고 강을 건넌 지성의 친구 등 여러 명의 젊은이들이 미리 와 기다리고 있었다. 화미는 가족들과 함께 그들의 안내를 받아 인근의 임시 수용소로 향했다. 규모가 작은 첫 번째 수용소에서는 월남하게 된 경위 등을 물었고, 모든 이들이 조사를 받아야 했다. 기본 조사가 끝난 뒤에는 다시 개성에 있는 수용소로 이동했다.

개성 수용소에는 38선 이북 곳곳에서 내려온 이들이 많이 모여 있었다. 모두 군용 천막에서 생활하며 수용소에서 나가길 기다리는 월남 난민들이었다. 북에서 내려온 이들은 대부분 서울로 가길 원했지만, 가족이나 친척이 없으면 좀처럼 허가증을 발급해주지 않았다. 정선은 수용소로 가자마자 남편 두훈에게 연락했다. 수용소에서 사흘쯤 지낸 뒤 화미와 가족들은 아버지 두훈을 만날 수 있었다. 북과 남으로 헤어졌던 가족은 목숨을 건 월남 끝에 겨우 다시 만날 수 있었다. 아버지와 함께 수용소를 나서는 화미는 그제야 겨우 안도감이 들었다.

중도리의 피란생활

홍주는 금산에서 학교에 다니며 잠시 평범한
시절을 보낸다. 친구들을 사귀고 공부도
제대로 한 유일한 시절이다. 큰아버지의 도움을
얻어 지내며 거리에 나가 장사도 배운다.
영변에서 내려온 친구도 다시 만나 가깝게 지낸다.
그것도 잠시, 중학교에 입학하고 석 달 만에
한국전쟁이 터지면서 다시 피란길에 나서게 된다.

1947년, 홍주는 금산국민학교 3학년에 입학했다. 홍주가 영변에서 3학년까지 다녔던 것을 감안해 학교에서는 홍주를 다시 3학년으로 입학시켜 주었다. 북에서 함께 내려온 이복동생 영선은 홍주보다 생일이 느렸지만 여학생이 적은 탓에 4학년에 입학했다.

금산국민학교에는 해방 이후 북에서 내려온 아이들과 금산이 고향인 아이들이 섞여서 공부했다. 고향만 섞인 것이 아니라 같은 학년이지만 나이가 다른 학생들도 섞여 있었다. 열여덟 살이나 되는 학생도 있었고, 이미 시집을 가야 할 나이가 된 여학생들도 함께 수업을 들었다. 같은 반에는 대략 마흔다섯 명의 학생들이 있었다. 학교에서는 한 번씩 시험을 보기도 했다. 홍주는 첫 시험에서 40등을 했다.

고향이 금산인 아이들은 북에서 피란 온 또래 아이들보다 먹고 사는 형편이 훨씬 나았다. 집안 형편이 그대로 드러나는 것은 점심시간이었다. 홍주는 먹을 것이 마땅치 않은 날이면 삶은 고구마를 점심으로 싸 가기도 했었다. 홍주의 고구마 점심은 여지없이 친구들의 놀림거리가 되곤 했다. 어린 홍주는 많이 창피했지만 별다른 선택의 여지가 없었다. 홍주는 큰아버지가 일하는 학교 앞 전매서에 가서 가끔 점심을 먹고 오기도 했다.

금산에서는 고향 영변에서 일본인 교사에게 배우던 과목들과는 달리 국어와 산수, 미술, 사회, 음악 등 제대로 된 과목들이 포함돼 있었다. 학생들에게는 교과서도 지급됐다. 일제강점기 시절부터 학교로 쓰였던 금산국민학교는 교실이나 칠판 등 시설이 고향 영변에서 다닌 영락국민학교보다 훨씬 좋았다.

당시 학교 선생님들 가운데에는 염씨 성을 가진 오누이 교사가 있었다. 오누이 중 음악을 가르치던 여동생은 홍주처럼 월남한 학생들에게 북에서 부르는 노래를 자꾸 시키곤 했다. 그 노래들 가운데에는 김일성을 찬양하는 노래들도 섞여 있었다. 홍주는 그런 노래들을 다른 학생들 앞에서 부르도록 시키는 것이 창피했다. 같은 고향은 아니었지만 역시 공산 정권을 피해 내려온 동갑내기 길창두 역시 홍주와 비슷한 생각을 가지고 있었다. 홍주와 창두는 염씨 선생님 탓에 음악시간을 제일 싫어했다.

"창두야, 저 선생님은 왜 저런 노래를 자꾸 시킬까?"
"빨갱이 아닐까?"
"나는 그런 것 같아."
"분명히 그럴 거야."

홍주와 창두는 염씨 오누이가 분명히 빨갱이일 것이라고 생각했다. 나중에 한국전쟁이 터지면서 남쪽으로 피란을 내려갔다 금산으로 돌아온 이들은 염씨 오누이 교사가 그 사이 사라졌다는 이야기를 들었다. 금산에서는 염씨 오누이가 공산군을 따라 북으로 올라갔을 것이라고들 생각했다.

홍주가 제일 기다린 것은 체육시간이었다. 체구는 작았지만 운동은 나름 자신이 있었기 때문이었다. 특히 홍주가 좋아하던 것은 씨름이었다. 별다른 수업 교재가 없는 탓에 당시 학교에서는 체육시간에 씨름을 많이 시켰다. 홍주는 청천강 모래밭에서 친구들과 씨름을 하던 실력을 보여줄 수 있는 체육시간을 내심 기다렸다.

첫 체육시간이 되자 선생님은 기대했던 대로 아이들을 홍군과 백군으로 나누어 씨름을 시켰다. 키가 작은 순서부터 상대편 아이들과 계속 씨름을 해 나가는 식이었다. 홍주는 자기 순서가 돌아오자 내리 세 명을 이겼다. 키가 크진 않았지만 기운이 넘치던 시절이었다. 하지만 한 명씩 이길수록 상대편 아이들의 키는 점점 커졌다. 네 번째 맞붙게 된 친구는 김용성이었다. 금산이 고향인 용성은 키가 크고 힘이 세 씨름을 제일 잘 했다. 세 판을 내리 이긴 뒤 네 번째 시합에서 홍주는 결국 용성에게 지고 말았다. 홍주의 힘자랑은 네 번째 판에서 멈춘 셈이다. 하지만 홍주는 첫 체육 수업 이후 반에서 제법 관심을 받게 됐다. 홍주를 네 번째 씨름판에서 이겼던 같은 반 친구 용성은 후일 금산에서 인삼농사를 지으며 사업을 크게 했다고 들었다. 또 전쟁 중에도 피란을 가지 않고 어른들과 함께 고향을 지켰다는 이야기도 들렸다. 홍주는 후일 중앙시장에서 장사를 하는 동안 가게로 찾아 온 용성을 몇 차례 만날 수 있었다.

전매서장을 하던 홍주의 큰아버지 낙연은 금산에서 이미 지역 유지였다. 전매서 건물은 금산경찰서 관사까지 불과 300여 미터 떨어져 있었고, 큰아버지는 경찰서장과도 가까운 사이였다. 큰

아버지는 가까운 곳에 두부공장도 하나 운영하고 있었다. 두부를 만들려면 무엇보다도 물이 많이 필요했다. 큰아버지는 두부를 만드는 데 필요한 물을 전매서 안에 있는 펌프에서 끌어다 썼다. 물은 '디귿(ㄷ)'자 모양의 나무로 된 홈통을 길게 연결해 끌어왔다. 북에서 내려온 홍주의 친척들은 대부분 큰아버지의 두부공장에서 일을 했다. 공장에서 만든 두부는 내다 팔았지만, 두부를 만들고 남는 비지는 여러 식구들의 식량이었다. 큰아버지는 당시 금산에 있던 길씨 집안 식구들의 든든한 기둥이었다.

큰아버지는 금산에서 푸줏간 일을 하던 길씨 한 명이 전쟁 빨갱이로 몰려 학교 운동장에서 총살당하게 된 것을, 지휘관을 설득해 살려주기도 했다. 큰아버지는 그런 일들 덕분에 지역에서 많은 신망을 얻을 수 있었다. 다른 한편으로는 그만큼 혼란한 시절이었고, 공산군 치하를 피해 월남한 큰아버지의 영향력은 상당했다.

금산에 들어와 두부공장의 작은 방에서 살던 홍주는 얼마 뒤 중도리로 이사했다. 당시 중도리에는 구호소 건물들이 지어져 있었다. 북에서 탈출해 온 이들이 모여 살도록 지어진 건물들이었다. 금산 중도리에 처음 지어진 구호소 건물은 모두 일곱 채였다. 각 건물들은 작은 방들이 긴 복도를 끼고 다닥다닥 붙어있는 구조였다. 구호소에서는 홍주 아버지의 첫째 부인과 딸 영선, 홍주까지 셋이 함께 살았다. 홍주는 구호소 시절 특히 어머니가 많이 그리웠다.

학교를 다니긴 했지만 홍주는 공장에서 시간을 보내는 때가 많았다. 구호소 생활을 시작한 뒤로는 공장에서 만든 두부를 모판에 가지고 나가 팔았다. 주택가를 다니며 종을 치면, 종소리를 듣고 나오는 이들에게 모판의 두부를 잘라서 파는 일이었다. 어떤 날은 두부 대신 묵을 팔기도 했다.

홍주는 휴일이면 두부공장에서 필요한 땔감도 구해야 했다. 홍주가 나무하러 가던 곳은 가까운 진악산이었다. 산에 갈 때는 지게를 지고 다녔고, 쓸만한 땔감을 구하지 못하면 먼 산을 넘어 제법 멀리 나무를 하러 가야 했다. 깊은 산속에는 빨치산들이 숨어 있다는 소문도 돌던 시절이어서 홍주는 나무하러 갈 때마다 누가 갑자기 나타날까 하는 무서운 마음에 발걸음이 빨라지곤 했다.

금산에는 '비석거리'라는 곳이 있었다. 당시 금산에서 가장 번화한 곳이었다. 비석거리에는 인민군이나 빨갱이들과의 전투를 대비해 가마니를 쌓아 올린 바리케이드 시설도 설치돼 있었다. 총구를 내미는 구멍도 여기저기 뚫려 있던 바리케이드 안은 아이들이 마음껏 담배를 피우는 공간이었다. 그곳에서는 홍주보다 나이가 몇 살 많은 아이들이 모여 담배를 피웠다. 담배가 귀하던 시절이지만 아이들은 전매서에서 흘러나오는 담배를 어디선가 구해 피웠다. 전매서가 있는 탓에 금산에서는 담배가 상대적으로 흔한 편이었고, 전쟁 전 혼란한 시기에 아이들은 담배도 빨리 배웠다.

큰아버지 밑에서 일하던 전매서 직원들은 홍주에게도 가끔 담배를 건네주었다. 홍주가 부모님과 떨어져 혼자 내려온 것을 잘 아는 직원들은 홍주에게 친절한 편이었다. 하지만 홍주는 직원들이 그렇게 빼돌린 담배를 몰래 바깥에 내다 팔고 있을 것이라고 생각했다. 홍주는 직원들이 건네준 담배를 또래 아이들과 어울려 피우는 대신, 길에서 목판 위에 세워 놓고 팔았다. 홍주는 담배를 피우는 것보다 그것을 팔아 군것질 거리를 사 먹는 것이 더 좋았다. 늘 배가 고팠기 때문이었다.

홍주는 헤어지던 어머니가 건네준 모자 안창을 금산에 와서 뜯어보았다. 어머니의 마지막 선물은 많은 돈은 아니었다. 홍주는 그 돈으로 새카만 고무공을 여러 개 사서 친구들과 놀았다. 많은 것을 살 수 있는 돈은 아니었고, 고무공은 친구들과 어울려 놀기에 제일 좋았다. 홍주는 어머니가 주신 돈으로 공을 사서 놀면서도 어머니를 다시 만나지 못할 것이라고는 상상하지 못했다.

국민학교를 다니고 두부공장에서 일을 하는 사이 3년이 지나 홍주는 중학교에 진학하게 되었다. 당시 금산에는 금산농업중학교가 있었다. 홍주는 농업중학교에 진학해 농업을 배우고 싶었다. 하지만 그해에 금산농업중학교의 입시 경쟁률은 3대 1까지 올라갔다. 홍주는 입학시험을 봤지만 떨어졌다. 친척은 아니었지만 초등학교에서 만나 친하게 지냈던 길기복과 길석희 역시 함께 시험을 쳤지만 떨어졌다. 후일 석희는 대전고등학교에 진학하고, 기복은 대전 보문고등학교를 졸업한 뒤 영어교사가 되었다는 이야기를 들었다.

금산농업중학교 진학에 실패한 홍주는 그해 개교한 금산중학교에 입학했다. 금산중학교는 일본 학생들이 다니던 학교 건물을 이용해 1950년 다시 문을 연 학교였다. 1950년 4월, 중학교에 입학하면서 까만 교복을 처음 입어본 홍주는 새로운 기분이었다. 공부를 하고 싶다는 생각도 처음으로 들었다. 홍주는 영어 알파벳을 배웠고, 친구들과 엉터리 영어로 장난을 치며 놀았다. 수업시간에는 대문자와 소문자, 필기체를 한꺼번에 제대로 배울 수 있었다. 홍주는 이때 잠시 배운 영어가 후일 큰 도움이 되는 순간이 있을 줄 전혀 몰랐다.

금산중학교에는 고향 영변에서 6촌 사이로 가깝게 지냈던 길창주가 함께 다녔다. 창주의 아버지는 홍주의 아버지와 사촌 사이였다. 나이는 창주 아버지가 몇 살 적었다. 창주 아버지는 청천강에서 고기를 많이 잡았고, 홍주의 아버지와 달리 유쾌하고 호탕한 성격이었다. 힘이 워낙 장사여서 비가 오는 날 작은 배를 거꾸로 뒤집어 들고 우산처럼 비를 피했다는 이야기도 들었다. 홍주와는 다른 시기에 38선을 넘어 내려 와 금산에서 다시 만난 고향 친구가 홍주는 반가웠다. 창주는 후일 부산 자갈치시장에서 수산물 장사를 하며 많은 돈을 벌었다고 들었다.

즐겁게 시작했던 홍주의 중학교 생활은 석 달 만에 끝이 났다. 1950년 6월 25일, 갑자기 공산군의 남침이 시작된 것이다. 홍주에게는 또다시 고단한 피란생활이 기다리고 있었다.

불안한
평화

화미 가족은 군인이 된 아버지를 따라 광주로 이사한다. 가족들은 군인 관사에서 지내며 잠시 평화로운 시절을 맞는다. 친구들과 가깝게 지내는 화미는 반장이 되고 친구들 집도 찾아다닌다. 가족들은 화단도 가꾸며 즐거운 날들을 보낸다. 화미가 친구 집에서 가져온 작은 화초가 앞마당에서 처음 꽃을 피운 날, 한국전쟁이 터진다.

서울로 온 화미 가족은 어머니 정선의 고향 친구 집에서 잠시 살았다. 정선의 친구 남편은 치과 원장이었다. 그 집에 딸린 별채가 마침 비어있어 화미네 네 가족이 자리잡게 된 것이다. 하지만 서울에 온지 얼마 지나지 않아 화미가 갑자기 홍역에 걸렸다. 홍역이 크게 유행한 시기도 아닌데 홍역에 걸린 것이 화미의 부모는 의아했다. 알고 보니 그 집에서는 홍역으로 두 명의 아이를 잃은 적이 있었다. 이웃들에게 그 이야기를 듣고 난 뒤 계속 머무를 수 없었던 화미와 가족들은 곧바로 집을 나왔다. 가족들은 모두 영등포에 있던 서울시립병원을 찾아 갔고 화미는 치료를 받았다. 가족들 모두 진찰과 함께 예방주사를 맞았다. 갈 곳이 없는 것을 안 병원의 배려로 가족들은 병원에서 며칠을 더 지내며 무사히 홍역을 넘길 수 있었다.

정선의 친구 집을 나온 뒤 화미 가족은 신당동을 찾아가 방을 구했다. 부엌도 없는 자그마한 방이었다. 그러는 사이 화미의 아버지 두훈은 당시 정보기관 역할을 하던 중앙청 사정국에서 일을 하게 됐다. 화미는 가족들 모두 월남을 하는 등 반공정신을 인정받아 아버지가 일을 하게 됐다고 들었다. 통행금지가 있던 시절이었지만 아버지 두훈은 밤늦게 들어오는 날이 많았다. 아버지는 어떤 날은 외국에서 구호물품으로 들어온 학용품을 집에 가져왔고, 먹을 것을 사서 들어오는 날도 있었다.

화미의 아버지가 사정국에서 일한 날은 길지 않았다. 사정국을 그만둔 아버지 두훈은 헌병사관학교 2기생으로 입교했다. 어머니 정선은 훈련병인 남편을 면회하러 신당동에서 헌병사관학교 훈련소기 있는 삼각지까지 찾아가곤 했다. 면회를 가는 길에는 화미와 화영이 한 번씩 번갈아가며 동행했다. 한번은 행군을 하고 들어오는 군인들의 행렬에서 누군가 화미에게 손을 흔들어주는 것이 보였다. 가족들을 먼저 알아본 것은 얼굴이 새까매진 아버지 두훈이었다.

1948년 9월, 화미는 서울 홍인국민학교에 입학했다. 어머니 정선은 흰 바탕에 작은 빨간 꽃무늬가 있는 예쁜 천을 사서 화미에게 원피스를 만들어주셨다. 화미의 입학식에는 부모님이 나란히 참석하셨다. 1학년 9반에 배정된 화미는 여자 담임선생님을 만났다. 학생들을 교실로 안내한 선생님은 따라온 가족들이 창 밖에서 지켜보는 가운데 아이들에게 노래를 시켰다. 화미는 고모와 삼촌에게 배웠던 '알로하오에'를 불렀다. 자신을 쳐다보는 친구들의 진지한 표정이 우스웠던 화미는 노래하는 내내 교실 천장만 바라보았다.

그 모습이 궁금했던 아버지는 그날 저녁 화미에게 물었다.
"너는 왜 천장만 바라보면서 노래를 했어?"
화미는, "친구들 표정이 너무 딱딱하고 웃겨서요"라고 답했다.
"그래도 앞을 좀 보고 노래하지 그랬어?"
화미는 같은 반 아이들이 자신보다 훨씬 어리게 보였다는 생각은 차마 이야기하지 못했다.

부족한 교실 때문에 수업은 오전반과 오후반으로 나뉘어 진행됐다. 화미는 수업 시간이 헷갈려 오전 오후를 잘못 알고 학교에 가기도 했다. 어머니는 화미에게 빵을 사 먹으라고 가끔 5원을 주셨다. 학교 매점에서는 꿀물을 바른 반지르르한 빵을 팔았고, 어머니가 주신 돈으로 가끔 사 먹는 빵맛은 말 그대로 꿀맛이었다. 어수선한 분위기 속에 공부는 제대로 하기 어려웠지만, 화미는 학교에 다니는 것이 재미있었다.

학교에서는 커다란 나무 아래에서 재미난 인형극을 보는 날이 있었다. 또 『싹』이라는 제목의 교지도 한 권씩 받을 수 있었다. 하얀 바탕에 초록색 글씨가 큼지막하게 새겨진 교지는 아주 훌륭하진 않았지만 화미는 교지에서 선생님들의 교육열을 느낄 수 있었다. 1949년 8월에는 막냇동생 화숙이 태어났다. 어머니 정선은 어려운 형편 속에 세 딸을 키우는 것이 힘들었지만 내색하지 않았고, 늘 다정하게 보살펴주었다.

가지고 놀만한 것이 없던 시절, 화미는 깨진 기왓장으로 공깃돌을 만들었다. 겉은 검정색이면서 속은 푸르스름한 회색의 기왓장들은 부서진 주택들이 많아 주변 곳곳에 깨진 채 널려 있었다. 깨진 기왓장을 공깃돌 크기로 깨트린 뒤 평평한 돌에 갈면 동그랗고 예쁜 공깃돌이 되었다. 화미는 기왓장 공깃돌을 100개 넘게 만들어 가까운 친구들과 가지고 놀았다. 어른들은 그 기왓장들을 잘게 부순 뒤 쇠절구에 넣고 빻아 삼베 헝겊에 내린 고운 가루로 놋그릇들을 닦기도 했다.

깨진 유리조각들은 열심히 갈면 보석처럼 반짝거리는 보물이 되었다. 색색의 유리조각들이 필통 속에서 반짝이는 모습을 보면 화미는 늘 행복했다. 여기저기 돌아다니다 만나는 까마중나무의 새까맣게 익은 작은 열매는 좋은 간식거리였다. 까마중 열매를 한주먹 먹고 입이 시커멓게 변한 화미는 누가 볼까 부끄럽기도 했지만, 어쩌다 만나는 까마중나무는 늘 반가웠다.

화미는 1학년을 마치는 종업식에서 1등 상장을 받았다. 같은 반에서 키가 크고 잘생긴 남학생 반장이 2등이었다. 화미의 1학년 담임선생님을 몇 차례 만났던 아버지 두훈은 종업식을 마친 뒤 선생님이 진보적인 성향이라는 말을 하셨다. 어린 화미는 아버지가 어떤 이유로 그렇게 이야기하는지는 알 수 없었다.

화미의 2학년 담임도 여자 선생님이었다. 어느 날 새까만 비로도천 치마에 새하얀 비단 저고리를 입고 오신 담임선생님을 보면서 화미는 천사처럼 아름답다는 생각이 들었다. 그날 선생님은 친구의 결혼식에 축사를 하러 간다며 일찍 나가셨다. 담임선생님 대신 들어오신 나이 지긋한 남자 선생님은 공부보다는 아이들이 편한 시간을 보내게 해주셨다.

선생님은 남학생과 여학생으로 나눠 노래자랑을 시켰다. 여자 아이들이 먼저 노래를 하자 선생님은 칠판에 100점이라고 쓰셨다. 다음 남자 아이들이 노래를 한 뒤 선생님은 다시 칠판에 100점을 쓰기 시작하셨다. 그러자 여자 아이들이 책상을 두드리며 "안돼요"라고 외쳤고, 선생님은 마지막 동그라미를 반만 그리셨다. 화미와 반 친구들은 모두 깔깔거리면서 즐거워했다.

　1950년 1월, 화미의 아버지는 광주로 발령받았다. 아버지가 먼저 광주로 떠나고 몇 달 뒤, 어머니와 세 딸도 뒤따라 광주로 향했다. 가진 돈을 이삿짐을 부치는 데 거의 다 써버린 어머니는 아이들과 하루 종일 굶었다. 늦은 오후에 어머니는 200원짜리 도시락을 사서 동생들만 먹였다. 저녁 늦게 도착한 광주역에는 지프차를 타고 마중 나온 아버지가 기다리고 계셨다. 화미는 군복을 입은 아버지가 늘 멋지게 보였고 자랑스러웠다.

　화미 가족은 광주의 고려여관에서 여러 날을 묵었다. 그 뒤 부대의 대대장이 관사를 마련해주면서 화미와 가족들은 관사로 입주했다. 단칸방에 비하면 관사는 화미에게 대궐 같았다. 아주 넓긴 했지만, 별다른 살림살이가 없는 텅 빈 대궐이었다. 방 안에는 구석에 덩그러니 쌓여 있는 이불짐이 전부였다. 얼마 안 되는 짐과 옷가지는 일본식 벽장에 모두 집어넣었다.
　관사에는 나무로 된 넓은 마루가 있었고, 한쪽 끝으로 가면 오른쪽은 화장실, 왼쪽은 목욕실로 이어졌다. 화미는 이사한 집에서 화장실이 제일 좋았다. 집 안에 화장실이 있어서 가족들은 아무 때나 편하게 화장실에 갈 수 있었다. 가는 길에 신발을 신거나 비를 맞을 필요도 없었다. 더구나 화장실에서는 냄새도 나지 않았고 벌레도 없었다.

"이 화장실에서는 왜 냄새가 안 나요?"

"오물통을 크게 만들고 굴뚝을 세워 냄새가 다 빠져나가서 그래."

아버지의 설명을 들은 화미는 집을 이렇게 지을 수도 있구나 라는 생각이 들었다.

관사에는 목욕실도 따로 있었다. 목욕실 안에는 팽이처럼 생긴 커다란 가마솥도 있었다. 불을 피워 목욕물을 데우는 가마솥이었다. 불을 지펴 가마솥의 물이 적당히 따뜻해지면 화미와 화영은 가마솥에 함께 들어가 놀았다. 아버지는 가마솥 안에 널빤지를 걸쳐 놓아 어린 딸들이 뜨거운 가마솥을 밟지 않도록 해 주셨다. 화미는 관사에서 살며 처음으로 편안함을 느꼈다.

아침마다 화미와 화영은 출근하는 아버지에게 "안녕히 다녀오세요"라고 집안이 떠나가는 목소리로 인사를 했다. 사랑스런 딸들의 인사를 받을 때마다 아버지의 기분이 좋아지는 것이 보였다. 바깥 세상은 점점 더 시끄러워지고 있었지만 화미와 가족들은 잠시나마 평화로운 시절을 보내고 있었다.

관사에는 제법 너른 마당이 있었다. 어머니는 마당 가운데에 동그랗게 화단을 만들고 담장을 따라 텃밭을 만들었다. 화미가 심부름을 가서 사 온 씨앗을 뿌리자 상추와 쑥갓, 시금치, 아욱들이 마당 텃밭에서 금방 싹을 틔웠다. 하지만 농사를 지어본 적이 없는 어머니 정선이 씨앗을 너무 많이 뿌리는 바람에 채소들은 콩나물처럼 수북하게 자랐다. 정선은 어린 상추들을 솎아서 양념장과 함께 비빔밥을 만들어 가족들에게 차려주었다.

아버지는 마당에 앵두나무와 향나무 묘목을 심었다. 봄이 오자 나무에서는 새 잎들이 파릇파릇 올라왔다. 화미는 나무가 잘 자랐으면 하는 마음에 아무도 없을 때 앵두나무에 오줌을 누었다. 하지만 얼마 뒤 앵두나무는 시들시들해지더니 말라 죽었다. 화미는 앵두나무가 죽은 것이 자기 탓이라고 생각했지만 부모님에게는 이야기하지 못했다.

화미는 광주에서 중앙국민학교를 다녔다. 1950년, 3학년에 올라가기 직전에 학교에서는 거창한 학예회가 열렸다. 학예회 프로그램들 가운데에는 '달나라에서 온 토끼'라는 연극도 있었다. 길을 잃고 땅에 내려온 달나라의 공주를 천사들이 찾아 나선다는 내용이었다. 화미는 연극에서 천사 역할을 맡았다. 달나라 왕은 훌륭한 의상에 왕관을 쓰고 멋진 노래를 불렀고, 어여쁜 공주는 슬픈 노래를 불렀다. 천사들은 하얀 치마저고리나 하얀 원피스를 입어야 했다. 화미는 예쁜 원피스가 입고 싶었지만 집에서 원피스를 구해주기 어려울 것 같아 하얀 치마저고리를 입으면 된다고 이야기했다. 연극이 끝난 뒤 어머니는 화미에게 하얀 원피스가 더 예쁜데 왜 이야기하지 않았냐고 말하며 많이 아쉬워하셨다.

아버지가 군에서 복무하긴 했지만 월급이나 살림살이가 넉넉하지 않은 것을 화미도 잘 알고 있었다. 먹을 것의 상당 부분은 아버지 부대에서 가져오는 부식거리로 해결해야만 했다. 하루는 아버지가 무를 한 가마니 가져왔다. 어머니는 무를 가지고 깍두기와 나박김치, 무생채, 무국, 무말랭이까지 온갖 요리를 하셨다. 화미는 어머니가 무 요리를 하는 동안 조수 노릇을 하는 재미에 빠졌다. 어머니가 소금, 고춧가루, 깨소금, 기름 등등 이야기하는 대로 척척 전달하며 뿌듯해 깔깔거렸다. 어머니 정선은 무의 중간을 잘라 속을 조금 파고 모래를 넣은 뒤 매달고 화미에게 물을 조금씩만 주라고 하셨다. 그러자 무에서는 연두색 싹이 다시 올라오며 자라기 시작했다. 화미는 무가 자라는 것을 보며 신기해했고, 밥상에서는 온갖 무 반찬이 한동안 사라지질 않았다.

어머니는 화미에게 가끔 심부름을 시키셨다. 하루는 밤에 군것질거리를 사 오라고 하셨는데 바깥에 나가보니 눈이 내린 것처럼 세상이 하얗게 변해 있었다. 화미는 깜짝 놀라 집안으로 신발도 벗지 않은 채 뛰어 들어갔다.

"엄마 눈 왔어."

"무슨 눈이 와, 이 계절에."
"아냐, 정말이야."

화미는 어머니의 손을 끌고 다시 바깥으로 나왔다. 화미는 그제야 눈이 내린 것처럼 보인 게 환한 달빛임을 알 수 있었다. 맑은 하늘에는 커다란 달이 휘영청 떠 있었고, 환한 달빛이 비추는 온 세상은 하얗게 변해 있었다.

3학년이 된 화미는 반장에 뽑혔다. 서울에서 내려온 지 얼마 되지 않아 따돌림 당할 것을 걱정했지만 반 친구들은 화미를 반장으로 뽑아주었다. 화미는 반장이 된 덕분에 친구들과 더 잘 지낼 수 있었다. 한번은 반 친구 한 명이 화미의 집으로 자꾸 가자고 졸랐다. 집에 온 친구는 궁금한 게 많았다.

"너네 집 세간은 다 어디 있어?"
"무슨 세간?"
"책상이랑 옷장, 이불장 같은 것들 말이야."

화미는 친구가 왜 세간을 궁금해하는지 그 친구의 집에 가서야 알 수 있었다. 부자였던 친구 집은 반짝반짝 빛나는 장롱과 가구들이 집안 여기저기 보기 좋게 서 있었다. 대청마루에는 커다란 쌀뒤주가 있었고 위에는 예쁜 백자 항아리들도 놓여 있었다. 화미는 너무 다른 집안 풍경에 관사가 좋은 곳이라는 생각도 금방 잊어버렸다. 친구 집과 비교해 보면 사는 것이 하늘과 땅만큼 차이가 난다는 생각도 처음 들었다.

화미는 다른 친구의 집에도 놀러 간 적이 있었다. 그 친구는 화미를 방이 아닌 부엌으로 데리고 갔다. 반질반질한 시멘트 부뚜막에는 솥이 여러 개 걸려 있었다. 친구는 화미를 부뚜막에 앉힌 뒤 쌀밥을 두 그릇 가져왔다. 잠시 기다리라고 한 친구는 다시 가고(바구니)에서 조기 대가리를 꺼내 가져왔다. 친구는 밥을 물에 만 뒤 조기 대가리를 바삭바삭 씹어 먹으며 화미에게도 먹으라고 권했다.

"먹어봐, 맛있어."
"이게 뭐야?"
"이거 조기 대가리야, 안 먹어봤어?"

조기 대가리를 먹어본 적이 없던 화미는 친구가 권하는데도 선뜻 먹지 못했다. 하지만 조심스럽게 먹어본 생선 대가리는 의외로 맛이 좋았다. 밥 한 그릇을 먹은 뒤에는 뒤꼍으로 놀러 나갔다. 친구 집 뒷마당에는 화초들이 꽃을 피우고 있었다. 화미는 친구에게 집에 가져가 키우고 싶은 화초 뿌리를 하나 캐 달라고 했다. 키가 작고 잎사귀는 조금 넓은 화초였다. 화미는 친구와 함께 캐낸 뿌리를 흙으로 뭉친 뒤 조심스럽게 집으로 가져왔다. 화미는 그 뿌리를 어머니가 만든 화단에 정성껏 심었다.

6월 어느 일요일 아침, 화미는 아버지가 구해 온 기생충 약을 먹어야 했다. 한 알이었지만 콩알 크기의 약이 너무 커서 화미는 쉽게 넘기질 못했다. 어머니는 물을 주시면서 계속 삼켜 넘기라고 하셨지만 화미는 결국 포기하고 알약을 깨물어 먹었다. 그날은 아버지와 어머니가 영화를 보러 나가기로 한 날이었다. 어머니는 휴일 나들이를 위해 아버지의 사복 바지를 다림질하고 계셨다. 아버지는 평소에는 빨갱이들이 많다며 바깥 외출을 못하게 하셨다. 하지만 이날은 특별히 두 분이 외출할 준비를 하고 계셨다.

두 분이 옷을 갈아입고 막 외출을 하려는 순간, 집에 있던 검정색 군용 전화가 요란하게 울렸다. 전화를 받은 아버지는 갑자기 표정이 굳었다. 짧은 전화를 끊고 시커먼 수화기를 내려놓은 아버지는 나직이 한마디 하셨다.

"전쟁이다."

아버지는 어머니에게 집에 꼭 있으라고 몇 번이나 당부하셨다. 그리고는 서둘러 군복으로 갈아입고 부대로 나가셨다.

그날 아침, 화미는 친구 집에서 가져온 화초에 처음 꽃이 핀 것을 보고 너무 기뻤다. 노란 테두리를 한 진한 자줏빛의 패랭이꽃만 한 작은 꽃이었다. 정성껏 키운 화초에서 처음 꽃이 피던 날, 그날은 기억도 생생한 1950년 6월 25일이었다.

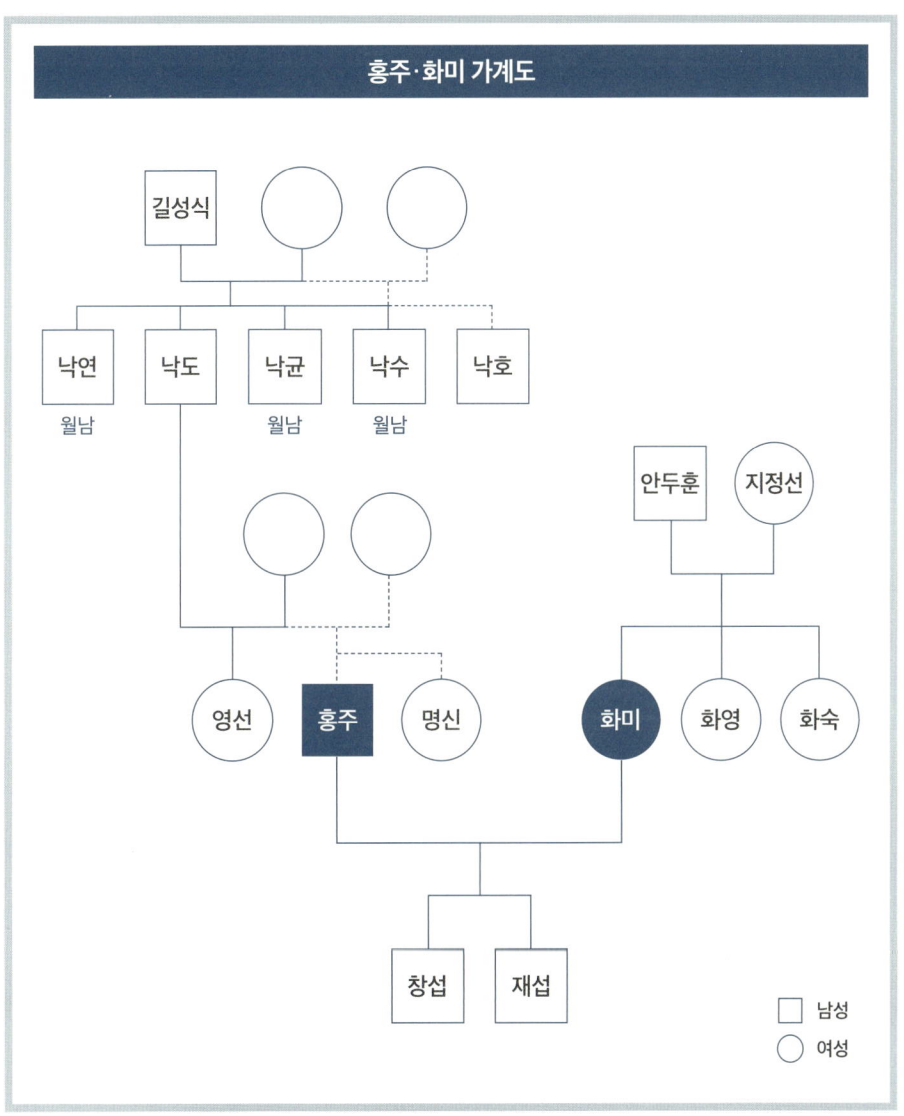

전쟁이 터지자 먼저 피란을 떠나는 것은 북에서 내려온 피란민들이었다.
1953년 7월 27일, 홍주가 이런 저런 일들을 하면서 전국 여러 곳을
전전하는 사이 전쟁은 휴전으로 마무리됐다. 전쟁은 끝이 났지만,
홍주에게는 고향 영변으로 돌아갈 길이 완전히 사라져버렸다.
휴전이 선언된 건 화미가 6학년 때였다. 화미와 가족들은 아버지가
위험한 전쟁터에 나가 싸우지 않아도 된다는 사실이 제일 기뻤다.
아버지는 여전히 강원도에서 근무하고 있었지만 화미와 가족들은
대전에 그대로 정착해 새로운 여정을 시작했다.

부산 광복로 (1950년 7월 26일)
(김한근 부경근대사료연구소장 제공)

제2막

전쟁과
혼란

어린
장사꾼

친척들과 피란길에 나선 홍주는 부산에 도착한다. 친척들의 도움을 받기 점점 어려워진 홍주는 거리에서 빵이나 호떡을 팔고 영도의 국수공장에서도 일하며 하루하루를 힘겹게 이어간다. 전쟁이 길어지면서 다시 대전으로 이주한 홍주는 이것저것 장사를 하며 독립해 살기 시작한다. 3년 만에 휴전이 되자 부모님이 계신 고향으로 돌아갈 길도 사라진다.

전쟁이 터지자 먼저 피란을 떠나는 것은 북에서 내려온 피란민들이었다. 남쪽 땅이 점령당하면 공산 정권을 피해 내려온 이들이 무사할 리 없다는 것을 너무나 잘 알기 때문이었다. 어린 홍주도 같은 생각이었다.

평안도 영변에서 내려온 길씨 집안의 어른이었던 큰아버지 낙연은 집안의 여러 식구를 데리고 또다시 피란길에 나섰다. 북에서 내려올 때는 트럭을 이용했지만, 이번에는 많은 인원이 모두 걸어서 남쪽으로 이동했다.

큰아버지 낙연은 38선이 무너지더라도 36도선 아래는 안전할 것이라고 생각했다. 미군의 참전이 곧바로 결정되면서 그러한 생각은 더욱 굳어졌다. 하지만 당장은 피란을 떠나야 했고, 함께 길을 떠난 이들은 큰아버지 식구와 홍주를 비롯해 모두 24명이나 되었다. 홍주 아버지의 첫째 부인과 딸은 금산 부림면의 길씨 집성촌에서 지내기로 하고 부림면에 남았다. 영변에서 내려온 길씨 집안 일가가 또다시 피란을 떠난 사이, 금산을 점령한 인민군들은 사진을 들고 다니며 전매서장이던 큰아버지를 찾았다.

두 번째 피란길에서 제일 먼저 도착한 곳은 전주였다. 큰아버지는 가진 돈을 홍주와 친척 형님에게 맡겼다. 가방 안에는 지폐가 제법 들어 있었다. 하지만 전쟁 통에 나선 피란길에서는 정작 돈이 별로 쓸모가 없었다. 돈을 주고 살 수 있는 것들이 드물었기 때문이었다. 일행은 가지고 나선 쌀과 부식 등으로 끼니마다 밥을 해먹었다. 홍주는 밥을 지을 때마다 밥솥에 물을 맞추는 일을 맡았다. 별다른 일은 아니었지만 어른들이 일을 맡기자 홍주는 자신도 무언가를 한다는 생각에 기분이 좋았다.

남쪽으로 내려가다 만나는 군인들은 소금과 깨를 넣고 버무려 뭉친 주먹밥을 일행에게 건네주기도 했다. 군인들도 먹을 것이 넉넉하지는 않았지만 특히 나이 어린 피란민들에게는 안타까운 마음이 더 드는 것 같았다. 하루 종일 걸으면서 많은 일행이 잠잘 곳을 찾기는 늘 어려웠다. 큰아버지는 일행을 데리고 주로 학교를 찾아 다니며 하룻밤을 보내고 다음 날 다시 길을 나서 남쪽으로 향했다.

피란길은 하루에 20~30킬로미터씩 이동하는 속도였다. 피란길에 들려오는 전황은 처음 기대와 많이 달랐다. 공산군이 계속 남진한다는 소식에 피란 행렬은 갈수록 늘어났고, 모두들 남쪽으로 발길을 재촉했다. 전주를 지난 후에는 남원과 하동을 지났다. 하동 인근을 지나던 날에는 일행이 건너야 하는 다리가 곧 끊길 것이라는 소문이 돌았다. 다리를 빨리 건너야 한다는 생각에 일행은 하루 종일 밥도 먹지 않은 채 계속 걸었다. 전쟁이 터진 직후 한강 다리가 갑자기 끊어지면서 어떤 일이 벌어졌는지 전해 들었기 때문이었다. 다리에 도착한 일행은 다리가 아직 무사히 있는 것을 보고야 안심했다.

전쟁이 시작되면서 북에서 내려왔던 이들의 가족도 군에 입대하기 시작했다. 북에서 함께 내려왔던 홍주의 작은아버지 낙균의 큰아들 정주는 일본에서 유학을 하던 중 입대해 중위로 근무하고 있었다. 손에 부상을 입고 후퇴하던 정주는 피란길에 나선 홍주네 일행을 우연히 만나 마산까지 동행하기도 했다. 정주는 마산에서 잠시 치료받고 다시 전선으로 향했지만 얼마 뒤 전사했다는 소식이 들렸다.

어려운 피란생활을 하던 일행에게는 가까운 가족과 친지들의 전사만큼 슬픈 소식이 없었다. 작은아버지와 식구들 역시 큰 슬픔에 빠졌다. 홍주와 함께 38선을 넘어 남으로 내려왔던 친척 고모부 역시 군에 입대했지만 전사했다. 전쟁터에서 직접 싸우진 않았지만, 피란길에 나선 민간인들도 참혹한 전쟁을 함께 겪고 있었다.

일행은 마지막 목적지인 부산에 마침내 도착했다. 부산까지 오고 나니 더 이상 갈 곳이 없었다. 낙동강 전선이 더 밀리면 모두 죽을 거라는 말들을 했다. 하지만 그런 걱정과 달리 피란민들이 모여든 부산은 전혀 다른 세상이었다. 도로에는 처음 보는 전

↖ 부산 용두산과 피란민 부락(김한근 부경근대사료연구소장 제공. 1954년)

차가 돌아다녔고, 차들도 많았다. 양복이나 양장을 차려입은 멋진 사람들은 전쟁을 겪는 것 같지 않았다.

부산까지 피란을 내려온 일행이 처음 자리 잡은 곳은 완월동이었다. 부산 완월동은 당시에도 윤락 여성들이 많은 홍등가였다. 낮에는 조용하고 한산했지만 밤에는 붉은색 조명이 집집마다 매달려 흔들거렸다. 거리에는 짙은 화장을 한 여성들이 나와 있었고, 술에 취한 이들의 발길은 밤늦도록 끊어지질 않았다. 평안도 영변 산골에서 나고 자란 홍주에게 부산은 전쟁 중에도 별천지였다.

큰아버지나 어른들과 함께 내려오긴 했지만 홍주는 이제 혼자서 먹고사는 문제를 해결해야 했다. 홍주의 큰아버지나 작은 아버지는 처자식들을 돌보기에 바빴다. 잠 잘 곳만 겨우 구한 어린 홍주가 먹고살기 위해 할 수 있는 것은 무언가를 파는 일이었다. 금산에서 두부나 묵을 모판에 안고 다니며 팔아본 경험이 있기 때문이었다. 달리 할 수 있는 일도 별로 없었다.

홍주가 먼저 떠올린 것은 빵을 파는 일이었다. 당시 부산 범일동에는 빵을 만드는 공장들이 있었다. 공장에서는 10원에 빵을 13개 살 수 있었다. 홍주는 완월동에서 범일동까지 걸어가 10원에 13개의 빵을 산 뒤, 거리로 나가 하나에 1원씩 10개를 팔았다. 팔고 남는 나머지 빵 3개가 홍주의 하루 끼니였다. 홍주는 배가 고팠지만 당장은 할 수 있는 일이 없었다. 완월동에서 내려오면 충무시장에서 범일동까지 이어지는 전차도 있었지만, 전차를 타볼 생각은 엄두도 내지 못했다.

홍주 아버지의 바로 아랫동생인 작은아버지 낙균의 아들 익주는 거리에서 호떡장사를 시작했다. 전차가 다니는 도로 주변이었다. 호떡에는 단맛이 나는 팥고물을 넣어야 했지만 팥도 설탕도 모두 귀한 시절이었다. 팥 대신 생각해낸 것은 강낭콩이었다. 강낭콩을 삶아 으깬 뒤 사카린을 넣으면 달달한 맛이 나 팥고물 같았다. 홍주는 두 살이 더 많은 익주의 호떡장사를 도우면서 밥 대신 몇 개씩 먹기도 했다.

↖ 부산 부평시장 노점상
(매혜란 선교사 촬영. 1952년)

거리의 호떡장사는 순탄하지 않았다. 경찰들은 리어카를 끌고 다니는 호떡장사 소년들을 툭하면 단속했다. 홍주와 익주뿐만 아니라 비슷한 또래의 노점들을 모두 거리에서 쫓아내려 했다. 숨바꼭질 하듯 호떡장사를 하는 동안 경찰서로 끌려가는 날도 있었다. 처음에는 그대로 풀려났지만 두 번째 단속된 날은 경찰서에서 그냥 보내주지 않았다. 결국 홍주는 익주와 함께 유치장에서 하룻밤을 보낸 뒤 다음 날 아침에야 풀려났다.

늘 배고프고 불안한 어린 홍주에게 위안이 되는 부산의 구경거리가 하나 있었다. 바로 영도다리였다. 완월동과 충무동, 남포동에서 주로 돌아다니던 홍주에게 바다 위로 한 번씩 들어 올려지는 육중한 다리는 처음 보는 신기한 광경이었다. 다리가 올라가는 시간이 되면 다리 주변에는 사람들이 몰려들었다. 몰려든 사람들 가운데에는 홍주와 비슷한 또래의 아이들도 많았다. 다리가 올라가면 그 아래로 크고 작은 배들이 뱃고동 소리를 울리면서 분주하게 지나다녔다. 올라가는 다리와 지나다니는 배들의 모습을 보면 홍주는 잠시 모든 것을 잊을 수 있었다. 뱃고동 소리와 함께 시커멓게 올라가던 매연 냄새도 근사하게 느껴졌다. 홍주는 바닷바람에 밀려오는 매연 냄새를 더 맡아보려고 킁킁거리며 고개를 내밀기도 했다. 가까이 있던 다른 아이들도 마찬가지였다.

길거리에서 빵을 팔던 홍주는 영도의 국수공장에서 일을 하게 됐다. 당시 영도에는 홍주와 육촌 사이인 태주 형이 국수공장을 운영하고 있었다. 홍주보다 나이가 꽤 많았던 태주 형은 머리가 좋았다. 영변에서는 공부를 하며 홍주에게 한문을 가르쳐주기도 했었다. 해방 전 금광에서 일을 하던 태주 형의 부친은 금을 훔쳐 중국으로 넘어가 살다 해방 뒤 고향으로 돌아왔었다. 태주 형은 전쟁 전 부산으로 내려와 일찍 국수공장을 차리고 있었다. 공장이라고 하지만 면발을 뽑는 오래된 수동 기계 하나가 전부인 허름한 곳이었다. 피란 통에 떠도는 사람이 많은 시절, 국수는 부산 어디에서나 값싸게 간단히 먹을 수 있는 최고의 음식이었다.

홍주는 국수공장에서 한 대뿐인 기계를 손으로 돌리는 일을 맡았다. 단순했지만 기계를 계속 돌리는 일도 쉽지만은 않았다. 홍주는 완월동에서 잠을 자고 아침에 영도로 가서 일을 하며 세 끼 식사도 공장에서 해결했다. 월급이라고는 따로 받는 것이 없었지만, 당장 끼니를 해결할 수 있어 다행이었다.

홍주의 부산 피란생활은 오래 가지 않았다. 1951년, 1·4 후퇴 이후 전쟁은 교착상태에 빠졌다. 미군과 유엔군이 개입해 싸우는 덕분에 큰아버지는 전선이 남쪽으로 다시 밀리진 않을 것이라고 판단했다. 함께 부산으로 내려왔던 길씨 집안 일가는 다시 위로 올라가기로 결정했다. 다만 이번에는 금산 대신 남쪽 땅의 중간쯤인 대전이 목적지였다.

홍주는 대전에 도착하면서 사실상 독립을 하게 됐다. 혼자서 뭐든지 해야 먹고살 수 있었다. 대전에서도 자연스럽게 먼저 시작한 일은 장사였다. 대전에서는 포목장사가 눈에 띄었다. 공장에서 만든 천을 사다 다른 지역에 가서 파는 일이었다. 무거운 보따리를 들고 천을 팔러 나선 홍주는 공주를 지나 유구와 영산포, 나주 등 대여섯 곳의 장터를 돌며 소매 장사를 했다. 홍주처럼 차량도 없이 돌아다니는 보따리 상인들을 돈을 받고 트럭으로 데려다주는 이들도 있었다.

가지고 나선 천을 팔고 돌아오는 길에는 그 지역에서 다른 물건을 사다 대전에 와서 팔았다. 그렇게 하는 것이 이득이 많았다. 홍주가 자주 사온 것은 전라도 고흥산 김이었다. 대전 중앙시장 인근 중교다리는 당시 가게 없는 이들이 언제든 노점상을 하기에 좋은 자리였다. 다행히 고흥에서 가져온 김은 전쟁 중에도 제법 잘 팔렸다. 해방 이후부터 유행한 서양식 옷차림 덕분에 넥타이나 양산도 길거리에서 잘 팔렸다. 이런 물건들 역시 도매상에서 물건을 산 뒤 다른 지역에 가져가 판매하면 얼마간 돈을 모을 수 있었다.

대전에서는 홍주 아버지의 다섯 형제 가운데 넷째인 낙수가 부사동에서 도비직물을 짜는 직조공장을 하고 있었다. 홍주는 그곳에서 직물 기계를 돌리는 일을 배웠다. 작은아버지는 공장에서 만든 천을 시장에 내다 팔았다. 당시에는 인견이나 비로도 천이 잘 팔리던 시절이었다. 함께 일을 하던 홍주에게 작은아버지는 어느 날 기계 몇 대를 맡겼다. 어린 홍주로서는 길거리를 떠돌지 않고 제대로 일을 할 수 있는 좋은 기회였다.

하지만 나이 어린 홍주가 직원들을 데리고 일을 하는 것은 생각처럼 쉽지 않았다. 일을 하던 여직공들은 툭하면 이런저런 핑계를 대며 일을 안 하려고 했다. 직물은 만드는 만큼 내다 팔 수 있었지만, 홍주가 기대한 만큼 생산량은 나오질 않았다. 팔 물건이 적다 보니 운영도 어려워졌다. 결국 어느 날 화가 난 홍주는 직물 기계를 한 대 부순 뒤 공장을 그만두었다. 이를 안 작은아버지는 홍주를 크게 나무랐지만 홍주는 별로 미련이 없었다.

홍주는 추운 겨울에는 거리에서 생강차를 팔았다. 생강차 장사를 할 생각은 했지만, 돈이 없어 생강차를 싣고 다닐 손수레를 구할 수 없었다. 궁리를 하던 홍주는 드럼통의 가장자리를 잘라낸 뒤 이틀 동안 바퀴가 달린 생강차 손수레를 직접 만들었다. 손수레에는 연탄불을 올려 물을 끓일 수 있었고, 생강차의 건더기와 진액은 시장에서 사온 생강을 직접 찧어 만들었다. 손님에게는 시기로 만든 컵에 생강과 진액을 넣은 뒤 뜨거운 물을 부어 저어주면 그만이었다. 장사를 할 밑천이나 기술이 없는 홍주에게 생강차 행상은 괜찮은 겨울 사업이었다.

홍주는 생강차를 팔러 나가는 길에는 늘 모자를 쓰고 다녔다.

추운 날씨 탓도 있지만, 천이나 다른 물건을 파는 것에 비해 생강차 손수레를 끌고 다니는 게 왠지 창피했기 때문이었다. 홍주가 생강차를 팔러 다니던 곳은 인동시장에서 대전역 방향으로 이어지는 길이었다. 추운 겨울날 점포 없이 길에서 장사를 하는 이들이나 지나는 행인들에게 생강차는 인기가 좋았다. 지금은 손수레가 다니는 것을 상상하기 어려운 큰길이지만, 당시에는 손수레를 끌고 장사하기에 괜찮은 길목이었다. 가지고 나간 물 한 통과 생강차 재료를 모두 팔고 나면 밤에는 전에 일하던 직조공장 인근의 숙소로 돌아와 잠을 잤다.

1953년 7월, 홍주가 이런저런 일들을 하면서 전국 여러 곳을 전전하는 사이 전쟁은 휴전으로 마무리됐다. 전쟁은 끝이 났지만, 홍주에게는 고향 영변으로 돌아갈 길이 완전히 사라져버렸다. 고향에 소식을 전할 방법도, 부모님의 소식을 전해 들을 길도 전혀 없었다. 홍주는 자신이 고아가 됐다는 사실을 전쟁이 끝나면서 확실히 깨달았다. 세상에 오로지 홀로 남겨진 것이다.

· History ·
영도다리

부산 영도다리는 일제 강점기 시절 식민지배 강화와 수탈을 위해 1934년 11월 개통됐다. 국내에서는 최초의 연륙교이자 도개교인 영도다리는 군사요충지이며 군마 조련장인 섬 영도와 내륙을 잇는 다리의 필요성 때문에 건설됐다.

한국전쟁 기간 동안 영도다리는 고향을 떠나게 된 많은 실향민들이 무작정 '부산 영도다리에서 만나자'는 약속과 함께 헤어지면서, 이산가족에게는 만남의 장소가 되었다. 또 다리 부근에는 전국에서 모여든 무속인들이 자리 잡아 이른바 '점바치 골목'을 형성하기도 했다. 31미터 길이의 다리 일부가 하루에 일곱 차례씩 들어 올려지던 영도다리는 1966년 9월 안전성의 문제로 다리를 고정시키면서 도개 기능을 상실했다.

영도다리는 그 후 제2롯데월드 건설을 이유로 철거 위기를 맞기도 했으나, 부산시가 보존을 결정하면서 2007년 보수·복원 공사가 시작됐다. 6년 여에 걸쳐 약 1천억 원의 예산을 들인 복원 공사가 마무리되면서 영도다리는 2013년 11월 27일, 47년 만에 다시 들어 올려지기 시작했다. 전체 214미터 길이인 영도대교는 도개교 부분의 무게만 590톤에 이른다.

부산 영도다리는 일제 강점기 시대 수탈의 기억과 함께, 한국전쟁을 거치며 부산을 대표하는 상징적인 장소로 자리 잡았다. 이 때문에 영도다리는 1950년대 발표된 <굳세어라 금순아>, <추억의 영도다리> 등 많은 대중가요에 등장하거나 가요의 소재가 되었다. 부산 영도구청은 1993년부터 해마다 '영도다리축제'를 열고 있다.

안 소위의
한국전쟁

> 화미의 아버지는 전쟁이 시작되면서
> 부상을 당한다. 광주의 군 병원으로 후송된
> 아버지는 어머니의 어린 시절 친구를 만나고
> 치료도 받는다. 아버지는 거제도에서
> 파견대장으로 근무한 뒤 다시 전방으로 향한다.
> 전쟁이 계속되는 동안 화미와 가족들은
> 부산과 대구, 청주 대전을 전전한다.
> 휴전 뒤, 가족들은 대전에 정착한다.

　일요일 아침, 갑자기 전쟁이 터졌다는 전화를 받고 집을 나간 아버지에게서 아무런 소식도 들을 수 없었다. 인근의 군인 가족 사이에서는 부대 전체가 급히 서울로 출동했다는 소문만 돌았다. 화미가 키우던 진돗개 '독꾸'는 전쟁이 터진 뒤 밤마다 크게 짖어댔다. 독꾸는 퇴근하는 안 소위가 골목 어귀에만 오면 발자국 소리를 듣고 뛰어나가곤 했었다. 전쟁이 터진 뒤에도 화미와 어머니는 독꾸가 짖을 때마다 혹시 아버지가 들어오시는지 바깥소리에 귀를 기울였다. 하지만 일주일이 넘도록 전쟁터로 떠난 군인들의 소식은 아무 것도 들리지 않았다. 부대에 군무원으로 남아 있던 화미의 외삼촌 정수 역시 군인들과 아버지의 행방을 알지 못했다.

그러던 어느 날, 바깥 골목에서 큰 함성이 들렸다. 화미와 어머니가 서둘러 나가보니 얼굴이 새카맣게 된 군인들이 줄지어 돌아오고 있었다. 군인들의 표정은 어두웠고 여기저기 다친 이들도 많았다. 화미는 군인들 가운데 아버지를 찾으려고 했지만 어디에서도 찾을 수 없었다. 함께 나와 있던 외삼촌 역시 아버지 안 소위의 소식을 듣지 못했다. 행렬 속에서 아버지를 찾지 못한 어머니의 표정은 굳어졌다. 얼마 뒤 부상을 당한 안 소위가 광주 비행장에 차려진 야전병원으로 후송됐다는 소식이 들렸다.

화미의 아버지 안 소위는 전쟁이 터지자 곧바로 서울 전투에 투입됐다. 전황이 불리해지면서 후퇴 명령이 내려졌고, 부대원들을 데리고 후퇴하던 중 부상을 입었다. 서울 지리를 잘 알던 안 소위는 부대원들을 데리고 후퇴하면서 큰 도로를 피해 미아리고개의 샛길로 우회하던 중 허벅지에 관통상을 입었다.

아버지는 후일 당시 상황을 떠올리며, 자신과 부대원들에게 총격을 가한 것이 아군이었던 것 같다고 말했다. 샛길을 찾으며 이동하던 부대원들을 남침하는 공산군으로 오인한 것 같았다는 것이다.

한국전쟁 개전 직후, 안 소위가 입원한 광주 야전병원의 병원장은 정희섭이었다. 평안남도 출신의 정희섭 원장은 후일 보사부 장관과 9대, 10대 국회의원을 지내며 국내 보건복지 분야의 기틀을 닦았다. 공교롭게도 정희섭 원장의 부인 백삼순 여사는 황해도 황주가 고향이었고, 화미 어머니 정선의 가까운 친구였다. 백 여사는 황주에서 중국의 간호학교로 유학을 가면서 정선에게도 함께 가자고 사흘 동안 집으로 찾아와 설득한 적이 있었다. 막내딸을 아끼시던 외할머니가 완강히 반대하시면서 어머니 정선은 중국으로 가지 못했다. 정희섭 병원장과 부인 백삼순 여사는 중국에서 만나 후일 결혼했던 것이다.

병원장 부인과의 친분 덕에 도움을 받았지만 치료는 쉽지 않았다. 외상 치료를 했지만 상처가 낫지 않고 통증이 계속 심해졌던 것이다. 이상하게 생각한 병원에서는 수술 부위의 엑스레이를 다시 찍었다. 엑스레이 화면에는 총탄의 파편 일부가 그대로 남아 있는 것이 나타났다. 파편이 남아 있는 탓에 상처가 낫지 않았던 것이다. 결국 안 소위는 파편 제거 수술을 받았다. 마취약이 부족한 탓에 안 소위는 마취도 하지 못한 채 파편 제거 수술을 받아야 했다.

아버지의 파편 제거 수술이 끝난 뒤, 어머니는 화미에게 "아버지 오늘 돌아가실 뻔 했어"라고 조용히 말씀하셨다. 걱정스럽게 수술 결과를 기다리던 어머니는 수술이 끝난 뒤에야 화미에게 그 수술이 위험한 것이었다고 이야기해주신 것이다. 화미는 아버지가 총상을 입던 순간 가지고 있던 태극기를 어머니가 가끔씩 꺼내보는 모습을 볼 수 있었다. 태극기에는 작은 구멍이 나 있었고, 핏자국도 남아 있었다. 총상을 입으면서 군복 바지 뒷주머니에 있던 태극기에 구멍이 났던 흔적이었다. 피 묻은 태극기와 뒤늦게 꺼낸 파편은 안 소위와 가족들에게는 자랑스러운 훈장이었다. 화미는 어머니가 꺼내 보던 태극기와 총탄의 파편이 후일 이사를 다니는 동안 사라진 것이 크게 아쉬웠다.

전세가 더 불리해지면서 야전병원은 광주를 떠나 마산으로 이동했다. 아버지 안 소위를 따라 가족들도 함께 움직였다. 마산에서 한동안 더 치료를 받은 안 소위는 소속 부대로 복귀했고, 부상 탓에 전방 대신 경남 거제도의 파견대장으로 발령받았다. 완치된 것은 아니지만, 계속 여유롭게 치료받을 수 있는 상황도 아니었다.

어느 날 아버지는 부대원 몇 명과 가족을 이끌고 마산항에서 거제도로 출발했다. 하지만 오후에 출발한 배는 폭풍우를 만나 밤새도록 풍랑에 시달렸다. 선장은 해상에서 항로를 제대로 잡지 못했다. 화미와 가족은 금방이라도 난파될 것 같은 배의 작은 선실에서 밤새도록 굴러다니며 공포에 떨었다. 배가 난파될까

두려웠던 것은 선실 바깥에 있던 군인들 역시 마찬가지였다. 부대원들과 가족을 모두 바다에서 잃을 상황이 닥치자 안 소위는 선장을 의심했다. 일부러 폭풍 속 항로를 택해 위험한 상황을 맞게 한 것 아닌가 의심한 것이다. 안 소위는 선장에게 권총을 들이대며 "너 공산당이지?"라고 윽박지르기도 했다.

폭풍우를 겨우 뚫고 목적지였던 거제도 장승포항에 도착한 것은 다음 날 새벽이었다. 항구에는 많은 이들이 안 소위 일행을 기다리고 있었다. 간밤의 이야기를 들은 이들은 평소에 잘 다니지 않는 항로로 왔다며 큰 풍랑 속에서 살아 온 것이 천운이라고 이야기했다.

거제도에서는 뜻밖의 반가운 일이 있었다. 화미 어머니의 외삼촌 이정준을 만난 것이다. 철원에서 화미에게 개복숭아를 따주던 바로 그분이었다. 철원에서 내려온 정선의 외삼촌은 전쟁이 터지면서 거제에서 피란생활을 하고 있었다. 그러던 중 화미 아버지의 이름으로 거제도 곳곳에 붙은 파견대장 공고문을 보고 찾아왔던 것이다.

생각지도 못했던 만남에 어른들은 무척 기뻤다. 연희전문학교를 나온 정준은 병을 앓아 한쪽 다리가 불편했고 결혼을 하지 않았다. 하지만 당시로서는 드물게 공부 많이 한 지식인으로 정세에도 밝았다. 화미 가족들을 만나자 함께 지내며 가족들을 돌봐주었다. 화미 역시 월남하기 전 철원에 갔을 때 어머니의 외삼촌을 만난 기억과 전쟁 전 서울에서도 만난 기억이 남아 있었다.

　어렵게 도착한 거제도의 생활은 평화로웠다. 장승포에서 집 뒤의 언덕으로 올라가면 파란 바다가 보였고 밭과 작은 집들이 있었다. 군인 가족들도 여기저기 살고 있었다.
　9월이 되자 화미의 막냇동생 화숙이 돌을 맞았다. 하지만 전란 속에 돌잔치를 할 상황은 전혀 아니었다. 파견대장인 아버지를 도와주던 오씨 성을 가진 민간인이 막내의 돌을 축하한다며 일부러 음식을 싸오기도 했다. 안 소위는 전쟁 중에 무슨 짓이냐며 오히려 오씨를 나무랐다. 오씨 아저씨는 안 소위가 거제도를 떠난 뒤에도 한동안 더 따라다니며 가족들을 도와주었다. 하지만 오씨는 아버지가 가족에게 전해 달라며 맡긴 급여 등을 가지고 어느 날 사라져버렸다. 생활비로 꼭 필요했던 돈을 잃은 것보다 믿고 의지하던 이가 그런 식으로 사라진 것이 가족들은 더 안타까웠다.

　안 소위는 9·28 서울 수복 이후 다시 전방으로 발령받았다. 화미의 가족은 아버지와 다시 헤어져야 하는 상황이었다. 어머니의 외삼촌은 화미 아버지가 전방으로 가게 되자 남은 화미 가족을 데리고 부산으로 향했다. 부산에서는 집을 구하지 못하고 작은 여관들을 전전했다. 여관은 작고 낡았지만 다들 모여 잠을 잘 수 있는 것만으로도 다행이었다. 전전하며 머물던 곳 가운데에는 남포여관도 있었다. 어느 날 밤 가족이 잠들 무렵, 갑자기 미군들이 들어와 방을 찾는 바람에 자던 방을 내주고 더 작은 방으로 옮겨가는 일도 있었다.

학교에 다니지 않았던 화미는 자갈치시장과 그 주변을 매일 돌아다녔다. 전쟁터로 떠난 아버지는 걱정됐지만 하루하루가 너무 심심했다. 화미는 영도다리가 들려 올라가는 모습도 거의 매일 지켜봤다. 번잡스러운 자갈치시장에는 온갖 해산물과 함께 갈치를 파는 아주머니들이 넘쳐났다. '이까'라고 부르던 오징어를 삶아서 파는 이들도 많았다.

화미네 가족은 군인가족 증명서 덕분에 부족하지만 배급을 받아 끼니를 겨우 해결할 수 있었다. 그 시절 영도다리와 자갈치시장 주변을 어슬렁거리던 아이들 가운데에는 훗날 화미의 남편이 된 홍주도 섞여 있었다.

화미와 가족은 추운 겨울이 오기 전 대구로 이사했다. 대구에서는 계산동 효성여중 바로 옆에 문간방을 하나 얻었다. 학교와 가깝게 붙어 있다 보니 중학생들이 교실에서 글 읽는 소리가 방에서도 잘 들렸다. 학생들의 책 읽는 소리에는 아주 강한 경상도 억양이 섞여 있었고, 마치 노래를 부르는 듯 소리가 오르내렸다. 화미와 동생들은 학교에서 책 읽는 소리가 들릴 때마다 개구리 울음 소리 같다며 깔깔거리고 웃었다.

겨울이 오면서 전세는 또 역전됐다. 압록강까지 밀고 올라갔던 아군과 유엔군은 중공군에 밀려 다시 후퇴하기 시작했다. 북진했던 화미 아버지 두훈은 1·4 후퇴로 남하하는 길에 고향 황주에서 처갓집 식구들과 고모 등을 만났다. 고향에서는 굴 속에 숨어 지내던 화미의 이모부 이상열도 국군이 북진하면서 가족과 재회할 수 있었다. 이모부의 형님 이상옥이 전쟁 직후 미처 피하지 못하고 총살당한 뒤였다.

남으로 후퇴하는 길에 화미 아버지는 고향의 친척들을 데리고 내려와야 했다. 그대로 남겨두고 내려오면 공산군 치하에서 살아남기 어려울 것이 뻔했기 때문이었다. 다행히 인근에서 러시아제 트럭을 한 대 구한 아버지는 가족을 태워 내려 보냈고, 어머니의 친척들은 대구에서 모두 재회할 수 있었다.

화미의 이모부 이상열은 고향 황주에 과수원을 가지고 있었다. 사과나무가 천 그루 정도 되는 제법 큰 과수원이었다. 황해도 황주는 북에서 유명한 사과 산지였다. 전쟁 통에는 수확한 사과를 처분하기 어려웠지만, 때마침 북진하는 국군들 가운데에는 돈을 주고 사과를 사 먹는 이들이 많았다. 사과 값은 군인들 마음대로였고, 군인들이 건넨 돈은 모두 남한 돈이었다.

배가 고픈 군인들 덕분에 그해 가을 수확한 사과는 운 좋게도 모두 팔 수 있었다. 선택의 여지없이 남쪽으로 피란길에 나서야 했던 이모부 가족은 과수원은 포기했지만 목돈을 가지고 대구까지 내려올 수 있었다. 그렇게 대구에 모인 황주 피란민들은 대구 수정동에 이층집 하나를 얻어서 한 집에 모여 살았다.

공산군을 피해 굴에서 기약 없이 숨어 지내다 살아남은 이모부 상열은 가족들을 모두 남쪽으로 피란시켰다. 이모 등 처갓집 식구들은 화미 아버지 안 소위가 구한 트럭을 타고 먼저 내려왔지만 이모부 자신은 소달구지 두 대를 마련해 명주와 무명, 쌀, 이불에 옷가지를 싣고 따로 내려왔다. 혼란한 피란길에 황주에서 대구까지 소달구지를 끌고 내려온 것은 기적같은 일이었다.

이모부 이상열의 별명은 스탈린이었다. 멋지게 기른 콧수염 때문이었다. 이모부는 대구에 와서도 정착할 생각은 전혀 없었고, 다른 실향민들처럼 언젠가는 고향에 돌아가겠다는 희망을 가지고 있었다. 이모부 역시 고향에 두고온 사과밭 등 재산을 평생 아쉬워했다. 이모부는 하나뿐인 처제인 화미의 어머니 정선을 많이 아껴주셨다. 황주에서 똑똑하다고 소문난 화미의 아버지와 어머니의 혼사를 주선한 것도 이모부였다. 파란만장한 삶을 살았던 이모부 역시 고향으로 돌아갈 수 없었다.

1951년, 화미는 대구 칠성국민학교에 4학년으로 편입했다. 학교에는 교실이 부족했고 모든 시설이 부족했다. 전쟁 전부터 칠성국민학교를 다니던 학생들은 교실에서 수업을 했고, 피란민 학생들은 여기저기에서 야외 수업을 했다. 칠성동 냇가의 넓은 자갈밭에서 수업을 하는 날도 많았다. 주변에는 빨래를 하는 아주머니들이 많았고, 돈을 받고 빨래를 삶아주거나 염색을 해주는 이들도 있었다. 염색은 주로 군복을 검정색으로 염색해서 파는 일이었다. 교실은 없었지만 운크라(UNKRA, 유엔한국재건단)의 마크가 선명하게 찍힌 교과서들을 지급받았다. 책상 대신에 하나씩 지급받은 나무판자도 수업시간에 요긴하게 사용했다.

야외에서 하는 수업이 불편했지만 화미는 공부하는 것이 재미있었다. 수업은 남녀 학생을 구분해서 진행됐고, 칠판도 두 개가 따로 있었다. 하지만 두 개의 칠판 가운데 새 것은 늘 남학생들의 차지였다. 하루는 여학생들이 새 칠판을 먼저 차지했다. 그러자 남학생들이 헌 칠판에 '칠판 내놔라'라고 쓴 뒤 칠판을 앞세워 밀고 들어왔다. 여자 아이들은 마치 탱크처럼 밀려오는 남학생들을 이기지 못해 새 칠판을 내주고 헌 칠판을 다시 받아들었다.

하루는 수업을 하는 강변 위 둑길로 군용 지프차가 한 대 지나갔다. 차 안

↖ 안두훈·지정선 부부(소령 진급 기념)

에는 화미의 아버지 두훈이 타고 있었다. 아버지를 알아본 화미는 수업을 하다 말고 느닷없이 차를 향해 손을 흔들며 "아버지" 하고 불렀다. 그날 저녁 아버지는 화미에게 웃으면서 한마디 했다.

"이 자식아, 수업 하다 말고 아버지가 뭐야, 공부는 안 하고."

야외에서 수업을 하다 보니 엉뚱하게 벌어지는 일들이 많았다. 강변 자갈밭 수업이 끝나면 화미는 친구들과 강변을 따라 한참 올라가 바위가 많은 곳에서 놀았다. 어떤 날은 수업이 끝난 뒤 강변에서 학교까지 돌아가는 선생님을 졸졸 따라가기도 했다. 선생님은 나중에 혼자 돌아가려면 심심하다며 그만 돌아가라고 했지만 화미는 학교까지 다 가서야 선생님에게 인사를 하고 돌아섰다. 집으로 돌아오는 길은 선생님 말씀대로 왠지 쓸쓸했다.

화미가 대구에서 나중에 살게 된 곳은 도시 외곽의 과수원 인근이었다. 어머니가 막냇동생을 데리고 아버지 부대 인근으로 이사하면서 화미는 친할머니와 고모들과 함께 살게 되었다. 손재주가 좋았던 큰 고모는 화미에게 수놓는 것을 가르쳐주셨다. 고모는 애기의 베갯모를 그려주고 색깔을 맞춰 비단실도 골라주었다. 가르쳐준 대로 수를 놓고 보니, 살색 명주 바탕에 매화꽃이 예쁘게 피어있었다. 할머니는 화미가 수를 놓은 것으로 다시 베개를 만들어주셨다.

화미와 가족은 대구를 떠나면서 아버지와 함께 살 수 있었지만 이사를 자주 다녀야 했다. 아버지를 따라 안동으로 이사해 영주 부속국민학교를 몇 달 다닌 뒤에는 다시 청주로 이사했다. 청주에서는 군인 관사가 없어 가까운 가정집에서 다른 가족과 함께 살았다. 화미와 가족이 살던 집 주인은 도청 공무원이었다. 교동국민학교로 전학한 화미는 주인집 딸 옥순과 한 반이 돼 늘 붙어 다녔다.

계속 전학을 다니다보니 학교마다 가르치는 내용이나 진도가 달라 벌어지는 일도 있었다. 영주 부속국민학교에 다니던 때, 하루는 선생님이 칠판에 산수 문제들을 적기 시작했다. 화미는 이미 배운 내용이고 계산이 어렵지 않아 문제를 적는 대로 답을 적기 시작했다. 선생님이 마지막 문제를 쓰고 잠시 뒤 화미는 다 풀었다며 손을 들었다. 그럴 리가 없다고 생각한 선생님은 화미에게 푼 것을 가지고 나오라고 했다. 화미의 공책을 본 선생님은 답이 모두 맞는 것을 확인하고 슬쩍 웃기만 할 뿐 아무 말도 하지 않았다.

전쟁이 한창이던 1952년, 청주 교동국민학교 건물 한 동은 군인들이 차지해 사용하고 있었다. 교실이 없어 나머지 건물은 학생들로 가득 찼다. 하루는 출근하는 아버지가 화미와 옥순을 군용 지프차에 태웠다. 아버지는 화미와 친구를 태우고 부대 안까지 들어가서야 내려주셨다. 화미는 할 수 없이 부대에서 걸어 나와 학교 교실까지 가야 했다. 어린 여자아이들이 걸어간다고 신경을 쓰는 이들은 없었겠지만, 부대에서 걸어 나오는 내내 화미는 얼굴이 화끈거렸다.

학교에서는 국군 장병들에게 위문편지를 쓰는 날이 많았다. 학생들은 편지를 쓰고 위문주머니도 만들어 작은 선물 같은 것들을 넣어 보냈다. 선생님은 위문주머니에 바늘과 실을 꼭 넣으라고 말씀하셨다. 화미는 물자가 부족한 탓에 군인들도 군복은 물론 여러 옷가지들을 기워 입을 일이 많은 것이라고 생각했다.

교동국민학교 교장선생님은 아주 엄한 분이었다. 여교사들은 양장을 입고 양산을 쓰는 유행을 무척 좋아했지만, 교장선생님은 그런 유행을 따르거나 표가 날 정도로 화장하는 것을 금지시켰다. 교장선생님의 말씀은 한결같았다.

"지금은 전쟁 중입니다. 전방에서는 지금도 우리 장병들이 다치고 전사하는데, 우리가 이렇게 편하게 살면 안 됩니다. 검소하게 살아야 합니다."

교장선생님은 말을 듣지 않는 교사들을 그 자리에서 불러 세워 꾸짖기도 했다. 특히 여교사들은 학교 안에서는 교장선생님의 말을 따르는 척하거나 피해 다녔지만, 학교 문만 나서면 양산을 쓰고 화장을 하는 등 마음껏 멋을 부리며 돌아다녔다.

여러 곳을 이동해 다니던 화미의 아버지는 강원도 간성의 15사단에서 근무하게 되었다. 이번에는 어머니가 막냇동생만 데리고 부대 근처 교암으로 이사를 떠나면서 가족은 다시 헤어졌다. 아버지가 떠나자 화미와 화영을 돌봐주던 친할머니는 학교에서 좀 먼 곳으로 이사를 하셨다. 이사한 곳은 부모님의 친구 분이 복숭아 과수원을 하시던 곳이었다. 과수원 인근에는 조용한 약수터도 있었다.

학교에서 멀어지면서 화미의 등하굣길도 꽤 멀어졌다. 하지만 화미는 학교를 오가는 길이 오히려 더 즐거워졌다. 학교 가는 길에는 제법 큰 저수지도 있었다. 화미는 저수지 주변에서 바람에 밀려 반짝거리는 작은 물결이나 주변의 꽃들을 한동안 쳐다보곤 했다. 주변에 핀 나리꽃이나 패랭이꽃을 꺾어 선생님 책상에 꽂아놓는 것도 화미에게는 큰 즐거움이었다.

1952년 연말 무렵, 전쟁은 교착상태에 빠졌고 휴전회담은 지지부진하게 이어졌다. 아버지는 계속 강원도에 계셨지만, 화미네 가족은 청주에서 대전으로 이사했다. 부모님은 자주 이사를 다니면서 화미와 동생들이 학교를 제대로 못 다닐까 걱정하셨다. 그러던 중 선택한 곳이 대전이었다. 화미는 당시 학제에 따라 대전 대흥국민학교 5학년 3학기로 들어가게 되었다.

화미는 6학년이 됐고, 수업은 제법 다양해졌다. 건물 안에서 공기가 어떻게 흘러가는지를 배우고, 환기창이나 난로를 놓는 위치, 온돌을 놓는 방식도 배웠다. 온돌은 아궁이로 연기가 나오지 않고 대류에 따라 방바닥이 고루 따뜻해져야 잘 놓은 것이라는 내용도 있었다. 음악과 미술 등 예술 수업도 많아졌다.

1953년, 대흥국민학교에서는 개교 15주년을 맞아 대대적인 전시회를 준비했다. 화미는 공작부에 들어가 학교 모형을 만들었다. 공작 담당 선생님의 열성적인 지도로 학생 몇 명은 운동장

↖ 대전 대흥국민학교 교문(1954년)

에 나가 나무와 교사의 지붕 높이, 경사도를 직접 측정했다. 공작부는 물에 녹인 신문지를 끓여 만든 풀로 정성껏 학교 모형을 만들어 전시했고, 좋은 평가를 받았다.

1953년 5월 5일 어린이날을 앞두고 대전시 공관에서 시내 국민학교 합창대회가 열렸다. 대흥국민학교는 지정곡인 '흥부와 놀부' 외에 자유곡으로 '오호 종달새'를 선택했다. 자유곡 '오호 종달새'는 어린 시절 삼촌과 고모들이 부르는 것을 들으며 배웠던 곡이라 화미는 너무나 반가웠다. 합창단의 지휘는 이문주 음악 선생님이, 반주는 정민영 선생님이 맡으셨다. 두 분은 학생들을 열정적으로 가르쳐주셨고 어린 학생들도 1등을 하고 싶은 욕심이 있었다. 화미와 합창반원들은 경연대회에 빨간 리본이 달린 검정색 웃옷을 입고 나갔다.

합창대회에서 눈길을 끈 합창단은 1979년 마지막 졸업생을 낸 뒤 폐교된 원동국민학교였다. 원동국민학교는 대흥국민학교 합창부의 두 배 정도인 80명의 대규모 합창단이 출전했다. 화미와 친구들은 원동국민학교 합창단을 보고는 다들 한마디씩 했다.

"와, 쟤네들 몇 명이야?"
"옷도 멋져 보여."
"소리도 크네."

원동국민학교는 지정곡 뒤 자유곡으로는 성인 합창단이 부를 만한 대곡인 '영광'을 불렀다. 단원 수가 많은 탓에 합창단의 목소리가 공관 안에 크게 울려 퍼지면서 대회에 참가한 다른 학생들은 기가 죽었다. 하지만 마지막 순간, 우승을 차지한 것은 대흥국민학교였다. 우승이 발표되자 공관은 화미와 대흥국민학교 합창반원들의 함성으로 떠나갈 듯했다.

1953년, 식목일이 되자 학생들 모두 가까운 보문산에 올라가 나무를 심었다. 화미와 친구들은 선생님이 가르쳐주는 대로 구덩이를 파고 정성껏 나무를 심었다. 작은 묘목들은 낙엽을 흙과 섞어 넣은 뒤 뿌리를 잘 펴서 세우고, 흙을 뿌려 가며 꼭꼭 밟아주었다. 그렇게 심은 나무들 덕분에 보문산은 언제부터인가 울창한 숲으로 변해갔다. 화미는 나무를 심고 내려오는 길에 싱싱한 파란 잎이 수북하게 자란, 나무도 아니고 풀도 아닌 쑥을 닮은 식물을 보았다. 왠지 꽃을 피울 것 같은 생각에 뿌리채 캐다 마당의 수돗가에 잘 심어주었다. 가을이 되자 잘 자란 화초에서는 하얀 꽃이 탐스럽게 피었다. 어른들은 그 꽃이 쑥부쟁이라고 알려주셨다. 산에서 내려온 쑥부쟁이 꽃 덕분에 집마당은 가을 내내 환하고 향기로웠다.

보문산에는 복전암이라는 사찰도 있었다. 어느 봄날, 화미는 친구와 함께 산 중턱에 있는 복전암까지 올라갔다. 함께 올라간 친구를 스님들은 '애기씨'라고 부르며 반갑게 맞아주었다. 친구는 비구니 스님들만 기거하는 복전암에 자주 가는 것 같았다. 스님들은 화미와 친구를 방으로 안내한 뒤 식사를 내주셨다. 반갑게 맞아주시던 스님들과 밥상에 올라왔던 깔끔한 돋나물(돌나물) 맛을 화미는 잊을 수 없었다.

6학년이 된 화미네 반 반장은 나광자였다. 화미의 가까운 친구 광자는 음대에 진학해 피아노를 전공했다. 광자는 후일 부산대학교에서 학생들을 가르쳤고, 예술대학 학장도 지냈다. 어린 시절부터 가까웠던 화미와 광자는 평생 가까운 친구로 지냈다. 둘은 모두 음악을 좋아했고, 교회를 같이 다니면서 비슷한 점도 많았다. 중학교 입시 때문에 6학년 학생들은 일요일에도 학교에 나와 입시공부를 했지만, 화미와 광자는 선생님에게 미리 말씀드린 뒤 교회에 들렀다 학교에 늦게 가기도 했다.

한번은 친구들과 방송국에서 진행되는 생방송에 출연할 기회가 생겼다. 여러 명이 라디오 스튜디오에서 학교와 합창반 자랑을 하고 생방송으로 노래를 하게 된 것이다. 음악선생님은 이번 방송 출연도 학생들을 데리고 열심히 준비하셨다. 생방송 당일 방송국까지 제법 먼 길을 걸어간 친구들은 짧게 이야기를 나누었고 이윽고 노래를 하는 순서가 됐다. 스튜디오 안에서 반주가 나오는데 독창 파트를 맡은 친구가 노래를 시작하지 않았다.

방송국에 와서 너무 긴장한 나머지 가사를 잊은 것이다. 몇 차례 시도 끝에 반주자의 악보를 받아 들고 노래는 시작했지만, 결국 반주가 없는 노래를 하게 됐다. 얼굴이 예쁘고 목소리가 고왔던 친구가 표정이 너무 좋지 않아 화미의 마음도 편치 않았다.

화미와 친구들은 6학년 과정이 끝나가면서 중학교 진학 시험을 봐야 했다. 당시 중학교 입시는 꽤 어려웠다. 사회상식을 가르치는 선생님은 학생들에게 입시 예상 문제들을 알려주셨다. 그 가운데에는 UN 사무총장도 포함돼 있었다.

"UN 사무총장이 누구?"
"다그 하마슐드요."
"이거 입시에 꼭 나옵니다. 잊어버리지 말고 외워두세요."

두 번째 UN 총장이었던 스웨덴의 외교관 다그 하마슐드는 패전국인 일본을 UN에 가입시키는 등 국제적으로 많은 업적을 남겼다. 돌아가신 뒤에는 노벨평화상까지 수상했다. 한국전쟁이 이어지고 UN의 지원을 받던 시기에 UN 사무총장의 이름은 당시 중학교 입시 예상 문제였다.

화미가 6학년이던 1953년 7월 27일, 휴전이 선언됐다. 화미와 가족은 아버지가 위험한 전쟁터에 나가 싸우지 않아도 된다

↖ 대전 대흥국민학교 졸업 기념 사진(1954년)

는 사실이 제일 기뻤다. 아버지는 여전히 강원도에서 근무하고 있었지만 화미와 가족은 대전에 그대로 정착해 새로운 여정을 시작했다.

· History ·

정희섭 보건사회부 장관

정희섭 전 보건사회부(이하 보사부) 장관 (1920~1987)은 1960년대에 제2공화국과 제3공화국에서 두 차례 보사부 장관을 역임한 국내 최장수 보사부 장관이었다 (1961.7~1963.12, 1966.1~1969.10). 정 전 장관은 재임 기간 동안 국내 보사행정의 기틀을 마련한 인물로 평가받는다. 특히 재임 중 사회의료체계에 많은 관심을 갖고 보건소법을 만들어 전국에 보건소를 설치했으며, 생활보호법·사회복지법·아동복리법 등을 제정했다. 또 초대 노동청장과 9대·10대 국회의원을 지냈다.

정희섭 전 보사부장관
(국회 제공)

정 전 장관은 평양의학전문학교를 졸업한 뒤 중국 병원에서 일했고, 일본 나가사키 의과대학에서 박사 학위를 취득했다. 한국전쟁 발발 직후 국군 야전병원에서 일하던 정 전 장관은 육군군의학교 교장과 육군군의감을 지낸 뒤 준장으로 예편했다. 그 뒤 5·16군사쿠데타 이후 군의관 경력 등을 높이 평가받아 1961년 7월 보사부 장관에 임명됐으며, 1966년 보사부 장관에 재임명됐다.

정희섭 전 장관은 특히 두 번째 장관직을 수행하는 동안 사보심(사회보장심의위원회)을 통해 '사회개발'에 대한 대규모 프로젝트를 시행하고 1970년에 '사회개발 장기계획'을 수립했다. 이 계획은 당시 오일쇼크 등으로 실행되지 못했지만, 후일 건강보험과 국민연금 도입의 밑거름이 되었다.

평안남도 평원군이 고향인 정희섭 전 장관과 황해도 황주 출신인 백삼순 여사는 백 여사가 중국의 간호학교에서 공부하던 중 처음 만났다. 정 전 장관 부부는 기독교 신자였지만 1982년 본인 소유의 씨그레이브 병원을 원광대학에 무상으로 기증하면서 원광대학교병원 설립의 토대도 마련했다.

카투사
10380069

군에 입대한 홍주는 미군들과 함께 복무하는 카투사가 된다. 공병부대에서 잠시 트럭 운전을 한 홍주는 부대의 보초병으로 근무한다. 홍주는 개인 보급품을 모아 팔아가면서 사회생활을 준비하고, 동료 미군과 싸움을 하면서 위기를 겪는다. 카투사 복무 뒤 한국군으로 돌아간 홍주는 운 좋게 중대장 관사의 공관병으로 근무하게 된다.

1958년 7월 23일, 홍주는 군에 입대했다. 입대하던 날, 지금은 사라진 대전 원동국민학교에 모인 약 700명의 장정들은 논산훈련소로 향했다. 홍주는 논산훈련소 25연대로 배치돼 훈련을 받기 시작했다. 부산에서 호떡장사를 하던 사촌형 익주도 같은 날 함께 논산으로 향했다. 어쩌다 한 번씩 얼굴을 볼 수 있는 정도였지만 홍주는 아는 얼굴이 한 명이라도 있는 것이 든든했다.

당시 훈련소 생활은 전쟁 뒤 사회생활만큼 어려웠다. 시설은 열악했고 먹을 것도 부족했다. 식사량이 많은 편이 아니었던 홍주는 그나마 다행이었다. 하지만 혈기 왕성한 젊은 나이의 훈련병들 대부분은 늘 먹을 것이 부족했다. 그나마 면회를 오는 이들이 있는 훈련병들은 한 번씩 마음껏 먹을 기회가 있었다. 용돈이 있는 훈련병들도 부대 안 피엑스(PX)에서 배고픔을 달랬다.

당시 훈련소에서는 군사 훈련보다 훈련소에 필요한 각종 시설을 만드는 작업을 더 많이 했다. 신병을 길러내는 훈련소 역시 제대로 시설을 갖추지 못한 곳이 많았던 것이다. 작업을 나가면 배가 고프고 힘이 들어 지친 훈련병들이 휴식시간에 아무 곳에나 누워 잠깐씩 잠을 잤다.

하루는 모두가 쉬는 도중 갑자기 집합 명령이 내려졌다. 모두들 서둘러 집합했지만 집합 명령을 제대로 듣지 못한 홍주가 제일 늦게 도착했다. 밥 먹는 것보다 더 많이 맞던 시절, 명령 시간보다 늦었으니 맞는 것이 당연했다. 하지만 대전에서 알고 지내던 친구 하나가 홍주를 대신해 맞겠다고 나섰다. 대전 인동에서 주먹을 쓰며 거칠게 살았지만 홍주와는 가깝게 지내던 친구였다. 그 친구는 훈련소 내무반에서 향도(반장)를 맡고 있었다. 내무반 향도가 대신 맞겠다고 나서자 선임하사도 때리려던 것을 그만두었다.

하루는 홍주의 숙모가 훈련소로 면회를 왔다. 함께 훈련을 받던 사촌 익주도 같이 면회를 나갔다. 그때 큰아버지가 홍주에게 전해달라고 부탁한 용돈을 숙모가 자신이 아닌 익주에게 건네준 것을 홍주는 제대한 뒤 나중에 전해 들었다. 이미 지나간 일이었지만 힘든 훈련소 생활이 떠오른 홍주의 서운한 마음은 이루 말하기 어려웠다.

7주 가량의 훈련이 끝난 뒤 훈련병들은 배출대라는 곳에서 다시 한 달 가량을 보냈다. 그곳에서 부대 배치가 시작될 무렵, 하루는 어떤 이들이 영어를 할 줄 아는 훈련병을 찾았다.

"영어 할 줄 아는 훈련병, 있나?"
"말은 못 해도 된다, 영어 알파벳 아는 사람, 거수."

처음에는 아무도 손을 들지 않았지만 알파벳이라도 알면 된다는 말에 여기저기서 한 명씩 손을 들기 시작했다. 중학교에서 몇 달 동안 영어를 배웠던 홍주도 손을 들었다. 잠시 뒤 홍주는 손을 든 다른 훈련병들과 함께 별다른 절차 없이 그들을 따라갔다. 한참 따라간 뒤에야 홍주는 그들이 모집하는 훈련병이 미군들과 군 복무를 함께하는 카투사임을 알게 됐다. 당시 카투사는 한국군과는 전혀 다른 부대 환경 때문에 선망의 대상이었다. 홍주는 1차에서 선발된 이들과 함께 부평으로 향했다.

부평으로 이동한 한국군 신병들은 제일 먼저 신체검사를 받았다. 신체검사는 목욕을 한 뒤 옷을 모두 벗은 채 진행됐고, 흉부 엑스레이 사진도 촬영했다. 엑스레이 촬영에서 폐질환이 있는 것으로 판정받은 친구들은 그대로 돌려보내졌다. 한국군 부대로 복귀 판정을 받은 신병들 가운데에는 그 자리에 주저 앉아 우는 이도 있었다. 무사히 신체검사를 통과한 홍주는 김포비행장 뒤편에 있던 미군 공병부대로 배치됐다. 홍주의 군번은 10380069였다.

당시 미군 공병부대는 각종 공사들을 도맡아 하고 있었다. 홍주가 부대에 있는 동안 참모총장의 용산 관사를 지었고, 용산의 골프장 공사도 진행했다.

홍주가 공병부대에서 처음 맡은 임무는 운전병이었다. 미군 공병부대였지만 말이 통하는 한국인 운전병들이 필요했다.

면허가 없던 홍주는 부대에 배치된 뒤 운전면허를 따고 트럭을 몰게 됐다. 주로 하는 일은 당시 여의도 인근 돌산에서 캐낸 석재를 다른 곳으로 실어 나르는 일이었다. 미군 공병들은 한국군들과 섞여서 돌을 캤고, 일대의 평탄작업도 함께 진행했다. 홍주는 처음 하는 운전인 데다 5톤짜리 큰 트럭을 몰고 다니는 것이 스스로도 불안했다.

하루는 영등포에서 부대로 복귀하는 길에 지프차 한 대가 계속 따라오는 것이 보였다. 홍주는 대수롭지 않게 생각했다. 하지만 그 지프는 공병부대까지 따라 들어왔다. 부대에 따라 들어온 차량에는 미군 대대장이 타고 있었다. 미군 지휘관은 홍주의 트럭이 도로를 불안하게 달리는 것을 보고 끝까지 따라온 것이었다. 홍주는 그날로 운전병 일을 그만둘 수밖에 없었다.

홍주는 운전 대신 부대 보초를 서는 경계 임무를 맡게 됐다. 처음에는 부대 외곽의 보초를 서고, 좀 더 고참병이 되면 정문 보초를 맡게 된다. 보직이 바뀌면서 배치받은 새로운 중대에는 한국인 병사 12명이 전입됐다. 모두 보초병 임무를 새로 맡게 된 병력들이었다. 당시 부대의 보초 임무는 8시간 근무 뒤 24시간을 쉬는 시스템이었다.

홍주 등 12명의 한국인 병사들은 중대 오락실에 집합했다. 잠시 뒤 병사들에게 영어로 된 보초 수칙이 전달됐다. 모두 12개였던 보초 수칙은 졸지 말 것과 부대 외곽 철조망을 잘 지킬 것, 보초병으로서 민간인을 대하는 방법 등이 포함돼 있었다. 한국인 병사들은 그곳에서 12개의 보초 수칙을 모두 외워야 밖으로 나갈 수 있었다.

홍주는 12명 가운데 여섯 번째로 오락실에서 빠져나왔다. 영어 수칙을 빨리 외우지 못한 병사들은 한참 더 늦게 차례로 빠져나왔다. 그렇게 시작한 보초병 생활은 여유가 있었다. 근무시간인 여덟 시간 이외에는 부대 바깥으로 마음껏 나갈 수 있었다.

한국인 군무원들은 부대 앞 정거장에 서는 유엔 버스를 이용해 시내를 편히 돌아다녔다.

홍주는 부대에서 교통사고를 당했다. 부평의 미8군 보급창인 에스캄에 있는 간이 병원으로 가던 중 교통사고가 난 것이다. 홍주와 몇 명의 미군 병사들이 함께 타고 있던 트럭은 길 옆 논두렁으로 빠졌다. 사고에 비해 다행히 크게 다친 병사는 없었다. 하지만 뒤에 타고 있던 홍주와 미군들은 모를 심은 지 얼마 안 되는 논바닥에서 기어 나와야 했다.

홍주는 논에서 나는 고약한 거름 냄새에 미군 병사들이 얼굴을 찌푸리며 기어 나오는 모습을 지켜보며 웃음이 나왔다. 미군들은 논에서 나는 거름 냄새에 항상 코를 찡그리며 못 참곤 했다. 교통사고 덕분에 홍주는 부평 에스캄 보급창의 간이 병원이 아닌 김포비행장에 있던 큰 병원에 입원해 한동안 쉴 수 있었다.

미군부대에서 근무하는 카투사들이 가장 놀라는 것은 바로 음식이었다. 논산훈련소에서 제대로 먹지도 못한 채 군 생활을 시작했던 홍주에게도 미군부대의 식당은 별천지였다. 미군과 한국군이 함께 식사를 하는 커다란 식당에서는 자신들이 먹고 싶은 것을 양껏 먹을 수 있었다. 식사 때마다 식단은 바뀌었지만 칠면조 고기와 닭고기 등이 늘 나왔고, 스테이크도 자주 먹을 수 있었다. 아침마다 달걀부침과 오렌지 하나를 먹고, 감자 샐러드도 마음껏 먹었다. 홍주는 음료수대에서 수도꼭지를 돌리면 나오는 뜨거운 커피 맛도 금방 익숙해졌다. 처음 미군부대로 배치된 한국군 신병들은 기름진 음식을 갑자기 많이 먹어 배탈이 나는 경우도 많았다. 홍주에게는 이 시기가 평생 가장 많은 양의 식사를 한 시절이었다.

전체 병력 규모가 백여 명 정도였던 B중대에는 한국군도 마흔 명 정도 함께 근무하고 있었다. 내무반과 부대활동 등 모든 것을 함께했지만 미군 병사들은 한국군 병사들을 항상 무시했다. 이 때문에 커다란 식당에서 카투사들은 늘 따로 모여 식사를 했다. 미군들도 백인과 흑인 병사들은 항상 따로 식사를 했다.

상병이던 홍주는 한 계급 아래인 미군 일등병 아스케이와 함께 보초를 서게 됐다. 당시 정문 보초는 카투사 한 명과 미군 한 명이 2인 1조로 보초를 서는 방식이었다. 아스케이 일등병은 홍주보다 계급이 낮은데도 심부름 등을 시키려 들었다.

"홍주, 가서 커피 좀 갖다줘."
"커피? 나는 상병이고, 너는 일등병인데 네가 갖다 마셔."

홍주는 당연히 그럴 수 없었고 아스케이 일등병과는 불편한 근무가 이어졌다. 정문 보초 근무자들은 둘이 근무를 서면 한 명은 안에서 잠깐씩 눈을 붙이기도 했지만, 홍주와 아스케이는 서로 말도 잘 하지 않았고 눈도 붙이려 하질 않았다. 아스케이가 맘에 들지 않았던 홍주는 선임자를 무시하는 일등병과 근무를 못 서겠다며 다른 근무자와 바꿔줄 것을 요청했다. 하지만 아스케이 일등병이 교체를 거부하면서 불편한 근무는 오랫동안 계속 이어졌다.

보초병들은 매일 아침과 저녁마다 부대 내 깃발을 올리고 내리는 임무도 맡고 있었다. 깃발은 태극기와 미국 성조기, 유엔기, 이렇게 세 종류였다. 깃발을 올리고 내리는 시간에는 미군 간부들이 꼭 한 명씩 나와서 규정을 지키는지 엄격하게 감시하곤 했다. 깃발을 제대로 올리고 내리지 못하거나 떨어뜨리기라도 하면 계급이 강등되는 일까지 있었다. 이 때문에 보초병들은 깃발을 올리고 내리는 임무는 서로 하려 하질 않았다. 하지만 홍주는 이 일이 그렇게 어렵게 느껴지지 않았고, 본인 차례에도 하지 않으려는 동료들 대신 하기식에 나가는 경우도 있었다.

미군 공병부대에서는 한 번씩 큰 파티가 열렸다. 외부인들이 많이 초대되는 탓에, 부대 정문 보초는 파티가 열리는 날이면 부대에 들어온 이들이 모두 빠져나가는 시간까지 바빴다. 특히 이런 파티에는 한국인 여성들도 초대되어 하루에 백 명 정도가 부대 안으로 들어갔다. 이들은 출입증을 정문 보초에게 맡겨야 부대 안으로 들어갈 수 있었다. 별다른 신원 확인 작업이 있는 것

↖ 미군 용산기지 안에 게양된 성조기와 유엔기, 태극기 (Ed Maynard 촬영. 1953년)

도 아니었지만, 그런 날이면 보초 근무는 밤늦게까지 쉬지도 못한 채 이어졌다.

미군이나 한국인 군무원들 가운데에는 '양공주'라고도 불리던 여성들과 가깝게 지내거나 개인적으로 사귀는 이들도 있었다. 카투사들 가운데에는 그런 여성들을 못마땅하게 생각하는 이들이 많았다. 하지만 양공주들 역시 가족을 먹여 살리고, 돈을 벌기 위해 그런 것이라며 처지를 이해하는 이들도 있었다.

홍주는 군 생활을 하면서 제대 이후를 위해 저축을 시작했다. 군에서 돈을 모을 수 있는 방법은 보급품이었다. 미군부대에서는 카투사에게도 매달 각종 보급품이 들어있는 레이션 박스가 하나씩 지급됐다. 박스 안에는 치약과 칫솔, 면도기, 면도날, 비누, 구두약과 담배 '자유'도 스무 갑씩 들어있었다. 카투사에게 지급되던 레이션 박스는 미군들에게 지급되는 것과 담배 종류만 달랐을 뿐 다른 내용물은 똑같았다.

술을 마시거나 담배를 피우지 않던 홍주는 생필품들을 아껴 쓰면서 레이션 박스를 통째로 부대 앞에 내다 팔았다. 레이션 박스는 부대 밖 시장에서 당시 3천6백 원이라는 제법 큰돈에 팔렸다. 카투사들은 미군들과 함께 근무했지만 월급은 한국군과 같은 수준으로 받았기 때문에 레이션 박스의 가격은 아주 비싼 편이었다. 홍주가 군에 가기 전 지내던 대전 외곽의 땅이 평당 3, 4백 원 하던 시절이었다. 이렇게 모은 돈은 미군부대를 떠날 때에 십만 원이 넘었다. 이 돈은 홍주가 사회생활을 시작하는 데에도 요긴하게 쓰였다.

카투사들과 미군들은 휴식시간이나 휴일이면 운동을 하면서 서로 어울릴 기회가 있었다. 하지만 어울리며 즐길 수 있는 종목은 아주 제한적이었다. 미군들은 야구를 가장 좋아했지만 카투사들은 야구 시합에 전혀 끼어들 수 없었다. 가끔 벌어지는 배구 경기에서도 미군들을 이기진 못했다. 씨름판에서는 한국군들이 이기는 경우도 있었다.

카투사와 미군이 비슷한 수준에서 함께 할 수 있는 가장 적당한 종목은 바로 당구였다. 시간이 있어도 부대 바깥으로 별로 나가지 않던 홍주는 부대 안에서 당구를 자주 하는 편이어서 나름 솜씨를 자랑했다. 하지만 홍주의 당구 실력은 어느 날 화근이 되고 말았다.

1958년 10월 24일, 그날은 부대 전체가 공휴일인 유엔데이였다. 근무가 없던 홍주는 평소처럼 당구를 쳤다. 그날 따라 홍주는 함께 당구를 치던 미군 일곱 명이 거의 손 놓고 구경만 할 정도로 혼자 당구대를 독차지했다. 이를 지켜보는 미군들의 표정이 점점 굳어지는 것을 홍주는 미처 알지 못했다.

게임이 끝난 뒤 홍주 곁으로 슬며시 다가온 미군 한 명이 갑자기 주먹으로 홍주 얼굴을 쳤다. 홍주도 참지 않고 들고 있던 당구채로 미군 병사를 내리쳤다. 당구채에 맞은 미군 병사는 얼굴이 2센티미터 가량 찢어지는 부상을 입었다. 미군과 카투사가 싸울 경우, 카투사는 한국군 부대로 전출되는 것이 원칙이었다.

그 일로 홍주는 모든 근무에서 빠진 채 화장실과 식당만 오가도록 지시받았다. 모두들 홍주가 한국군 부대로 복귀할 것이라고 생각했다. 며칠 뒤 홍주는 중대장실로 불려 갔다.

중대장은 미국의 웨스트포인트 육군사관학교를 나온 엘리트 장교였다. 매사에 아주 엄격하고 원칙을 지키는 스타일이었다. 중대장은 크지 않은 목소리로 통역을 통해 홍주에게 물었다.

"당구채로 동료를 때렸다 죽으면 어쩌려고 했나?"

"사람은 당구채로 때린다고 죽는 게 아니라, 맨주먹으로 때려도 급소를 맞으면 죽을 수 있습니다."

홍주의 대답에 중대장은 더 이상 말하지 않았다. 잠시 생각을 하던 미군 중대장은 두 사람에게 모두 벌을 주겠다고 했다. 홍주 입장에서는 다행히 한국군으로 전출되는 상황을 피한 셈이었다. 중대장이 내린 벌칙은 두 사람이 함께 땅을 파는 일이었다. 홍주는 징계 벌칙이 마음에 들지 않았다.

"저는 싸움을 벌인 이 병사를 마주보며 징계받고 싶지 않습니다."

"그럼 무엇을 하겠나?"

"중대 사무실 청소를 하겠습니다."

"좋다."

홍주의 불만을 중대장은 흔쾌히 받아들였다. 홍주는 스스로도 너무나 겁 없이 중대장에게 말을 했다고 생각했다. 주먹으로 때려도 죽을 수 있다는 대답은 즉흥적으로 튀어나왔지만 결과적으로는 한국군 부대 전출을 막아준 정당방위의 중요한 근거가 됐다. 징계가 결정된 뒤, 홍주는 보름 동안 중대 사무실을 청소했다. 싸움을 걸어온 미군 병사는 보름 동안 땅을 판 뒤 그 자리를 도로 메우는 징계를 받았다.

사건이 조용해진 뒤 중대에서 한국군을 지휘하는 대위가 하루는 홍주를 조용히 불렀다. 홍주는 뭔가 다른 문제가 생긴 것은 아닌지 불안했다. 잔뜩 긴장한 채 찾아간 홍주에게 한국인 대위는 뜻밖의 말을 해줬다.

"잘 했어, 안 그래도 그 녀석들 한번 혼내줘야 했는데. 그렇다고 다음에 또 그러진 말고."

한국인 지휘관은 미군들이 거들먹거리거나 인종 차별을 해도 한국군 부대로 전출되는 것이 두려운 카투사들이 아무런 대응도 못하는 것을 잘 알고 있었다. 홍주가 미군과 싸움을 벌이고도 전출되지 않자, 나중에야 조용히 불러 잘 했다고 해준 것이다. 흔치 않은 사건 이후 홍주는 카투사 부대원들 사이에서 유명해졌다.

같은 중대의 카투사 대원들끼리도 사이가 좋은 것만은 아니었다. 전국에서 모인 많은 청년들이 함께 생활하다 보니 어쩔 수 없는 일이었다. 성격이 다르고, 고향도 다르고, 나이도 달랐던 탓에 갈등이 불거질 이유는 늘 있었다. 때로는 서로 다른 학력도 문제였다. 서울에서 대학을 다니다 온 한 병사는 노골적으로 카투사

동료 병사들을 무시했다. 대학을 다녀 아는 것이 많다는 것을 평소에도 자랑하고 다니는 탓에 다른 동료들과는 불편하게 지내는 때가 많았다. 어느 날 그 병사는 보초를 서던 중 건물 바깥에 있는 보일러실 옆에서 잠을 자다가 순찰을 돌던 미군 간부에게 적발됐다. 그는 바로 다음 날 한국군 부대로 전출됐다. 하지만 카투사 동료들은 아무도 그의 상황을 안타까워하지 않았다.

내부 서열을 두고 카투사끼리 갈등이 벌어지는 때도 있었다. 하루는 병장 계급의 한국군 한 명이 중대로 전입돼 왔다. 이 신입 병장은 몸집이 작은 홍주에게 먼저 시비를 걸기 시작했다. 그러자 중대 안에서는 전입되자마자 거들먹거리는 신참 병장을 못마땅하게 여기는 이들이 많아졌다.

홍주는 미군 병사와 한바탕 싸움까지 벌였던 일이 알려지면서 동료들에게도 제법 인정을 받고 있었다. 결국 새로 전입된 병장은 선임 병장들의 요란한 서열 정리를 거치며 조용해졌다. 그 뒤로는 홍주에게 시비를 거는 일도 없었다. 홍주의 카투사 생활은 제대하는 날까지 편안하게 이어졌다.

카투사들은 1년에 두 번씩 휴가를 나왔다. 휴가를 나오는 날이면 같은 중대의 한국군들은 매일 아침 1인당 하나씩 지급되는 오렌지를 휴가병에게 모아주었다. 휴가를 나가는 동료를 위한 카투사들의 전통이었다. 오렌지는 당시 국내에서는 맛보기 어러운 과일이었다. 식당에서 중대원들이 모아준 오렌지는 대략 25개 정도가 됐다. 휴가를 나가는 카투사들의 배낭은 오렌지로 가득 차 무겁게 느껴질 정도였다. 홍주는 동료들이 모아준 오렌지를 휴가 때마다 찾아가던 막내 숙모 댁 조카들에게 주곤 했다. 아이들은 홍주를 '홍두 오빠'라고 부르며 따라다녔다.

휴가 때마다 귀찮게 만나는 이들은 곳곳을 지키는 헌병들이었다. 카투사들은 유엔 마크가 새겨진 견장을 달고 있었지만 헌병들의 검문을 피할 수는 없었다. 헌병들은 카투사를 보면 무슨 꼬투리든지 찾아서 보내주지 않으려 했다. 그럴 때는 헌병들에게 담배 한 갑을 건네주는 게 가장 쉬운 해결책이었다. 그래서 휴가를 나서는 카투사들은 군복 여러 주머니마다 담배를 한 갑씩 따로 넣어두곤 했다.

헌병들과 마주치는 것이 싫었던 홍주는 하루는 옥천역에서 내려 다시 버스를 타고 대전으로 들어오려 했다. 하지만 대전 판암동 고개에서 결국 헌병의 검문을 받았다. 버스 안에서 휴가증과 함께 담배 한 갑을 건네주자 별 일 없이 통과할 수 있었다. 그 시절 흔히 '와이로'라고 부르던 일종의 뇌물은 곳곳에서 필요했고 효과도 있었다.

홍주는 휴가 때마다 대전 문창동에 사시는 길경숙 권사님 댁에도 찾아가 인사드렸다. 평안북도 영변이 고향인 길 권사님 역시 남쪽으로 내려온 조금 먼 친척이었다. 군에서 조금씩 모은 돈으로 딱히 무엇을 할 생각이 없던 탓에 홍주는 길 권사님에게 돈을 맡기곤 했다. 길 권사님에게는 군에 오기 전 생강차를 팔아서 모은 돈을 맡긴 적도 있었다. 길 권사님은 홍주가 맡긴 돈을 알뜰하게 모아서 제대 뒤 돌려주셨다.

그러나 주변 사람들이 모두 홍주를 진심으로 아끼고 챙겨준 것은 아니었다. 홍주는 군에 가기 전 어렵게 장사를 하며 모은 돈 160만 원을 충북 황간에 사는 친척 누님의 아버지에게 맡긴 적도 있었다. 그 돈은 제대하고도 결국 돌려받지 못했다. 홍주는 북에 있는 고향으로 돌아갈 생각이 컸던 탓에 평생 땅을 사려는 욕심을 가져보지 않았다. 당시 친척에게 돈을 맡기는 대신 땅을 사두었으면 후일 큰 재산이 될 수도 있었을 것이다. 부모님이 안 계신 서러움은 다양한 모습으로 늘 홍주를 괴롭혔다.

25개월에 걸친 카투사 생활을 마친 뒤, 홍주는 한국군으로 복귀했다. 2년은 카투사 생활을 하더라도 마지막에는 한국군 생활을 해야 제대할 수 있었기 때문이었다. 홍주는 카투사 출신의 다른 한국군들과 강원도 홍천의 제2보충대에 모여 다시 부대를 배치받았다. 그곳에서도 좋은 부대로 가고 싶어하는 이들은 뇌물을 쓰곤 했다. 홍주와 함께 카투사 생활을 했던 동료 병장 한 명은 뒷돈이 부족하다며 홍주에게 3천 원을 빌려달라고 했다. 현금을 가지고 있던 홍주는 돌려받을 생각도 없이 그대로 돈을 주고 헤어졌다. 하지만 정작 홍주는 돈을 들여가며 좋은 곳으로 배치받겠다는 생각을 하지 않았다. 남은 군 생활이 어디에 가도 큰 차이가 없을 것이라고 생각했기 때문이었다. 가만히 앉아서 배치를 기다리던 홍주는 강원도 양구의 한 대대로 배치됐다. 대대에 배치되자 상사 한 명이 조용히 홍주를 불렀다. 남씨 성을 가진 상사는 엉뚱한 말을 했다.

"미군부대에서 그동안 잘 지냈겠네. 거기서 지급받은 물품들은 모두 반납해."

남 상사의 말에 홍주는 당황했지만 이미 가진 것이 없었다.

"보충대에서 만난 친구에게 전부 주고 와서 미군부대에서 지급받은 것은 아무 것도 없습니다."

주변에서는 남 상사가 배치되는 이들에게서 이런저런 물품들을 습관적으로 빼앗는다는 말이 들렸다. 홍주는 남 상사가 이렇게 빼앗은 물품들을 다시 부대 밖 암시장 등에 내다 팔 것이라고 생각했다. 미군 물품은 무엇이든지 인기가 좋아 잘 팔렸다. 기대했던 것이 아무것도 나오지 않자 화가 난 남 상사는 홍주를 양구 남면의 가장 멀리 떨어진 중대로 배치시켰다.

막상 산골짜기로 들어가게 되자 홍주도 은근히 걱정이 되기 시작했다. 어떤 생활이 기다리고 있을지 전혀 예상할 수 없었기 때문이었다. 격오지 부대에서는 훈련소 시절처럼 제대로 먹지도 못하며 군 생활을 해야 한다는 이야기도 많이 들렸다. 하지만 중대로 간 홍주는 곧바로 중대장 관사로 배치됐다. 말하자면 중대장 관사에서 공관병 역할을 하게 된 것이다.

중대 규모의 부대에서 공관병을 따로 두는 것은 흔치 않았다. 하지만 홍주보다 며칠 먼저 부임한 중대장 조철장 대위는 홍주를 선뜻 관사로 데려갔다. 홍주에게는 대대나 다른 상급 부대에 남는 것보다 산골짜기 중대가 훨씬 더 나은 근무지로 바뀌는 순간이었다. 조 대위의 부인은 대전에서 가까운 논산 출신으로 온화한 성격이었고, 이들 부부에게는 딸 정옥과 아들 정렬이 있었다. 홍주는 중대장 관사에서 아이들과 한 방을 쓰며 지냈다.

중대장 공관병의 임무는 많지 않았다. 부대에서 오는 전화를 받거나 급식을 받아오고 여러 가지 심부름을 하는 정도가 전부였다. 그런데도 중대장이 공관병을 굳이 집안에 들인 것은 부대에서 좀 떨어져 있는 주택에 가족만 따로 있는 것이 불안했기 때문이었다. 낮 시간에도 가족만 있는 것이 중대장은 불안했다. 조 대위의 가족은 홍주에게 모두 잘 해주었고, 홍주 역시 중대장과 가족을 성심껏 모셨다. 중대장 가족과 함께 지내다 보니 중대에서는 아무도 홍주에게 시비를 걸지 않았다. 홍주의 군 생활은

↖ 청년 시절의 홍주

카투사에 이어 한국군으로 복귀한 뒤에도 편하게 이어졌다.

홍주는 군 생활을 하면서 삶이 뜻대로 되지 않는다는 것을 배웠다. 군 생활을 편하게 하려고 이리저리 애쓰던 이들은 오히려 훨씬 힘들어지는 경우가 많았다. 그에 비하면 조용히 순리를 따르는 것이 더 나은 때가 많았다. 웃는 모습으로 눈앞에서는 좋은 이야기를 하면서 남의 것에 욕심을 내거나 뒤에서 해를 끼치려는 이들은 어디에나 있었다. 친척이나 주변 사람들에게 크게 실망한 일도 많았다.

34개월에 걸친 군 생활을 무사히 마친 홍주는 이제는 정말 혼자라는 생각과 걱정 속에 사회로 복귀했다. 1961년, 박정희가 일으킨 5·16 군사쿠데타가 일어나기 직전이었다.

대전
중앙시장

중학생이 된 화미는 공부와 함께 신앙생활도
열심히 한다. 동생들과도 재미있게 지내며 고모들의
사랑을 받는다. 하지만 아버지가 갑자기 전역하면서
가정형편은 좀체 나아지지 않는다. 서울로 전학한
화미는 친구들과 떨어져 외로운 시절을 보낸다.
고등학교를 졸업한 화미는 대전 중앙시장에서
일하며 혼자 살고 있는 홍주를 만난다.

    1954년, 화미는 대전여중에 입학했다.

    전쟁이 끝난 뒤, 강원도에서 계속 복무하던 아버지 안 소령도 입학식에 참석했다. 휴전 직후 어려운 시절이었지만 격식을 갖춘 입학식이 진행됐다. 어머니는 까맣게 물을 들인 군용 모직 담요로 화미의 교복용 외투를 만들어주셨다. 담요로 만든 외투는 두툼한 이불처럼 보이기도 했지만 교복을 입은 화미는 자신이 가장 멋진 새내기 여중생으로 보였다.

    전쟁 직후 대전여중 건물은 육군 병원이 사용하고 있었다. 화미와 신입생들은 실을 만드는 인근 제사공장에서 입학식을 하고 얼마 뒤에야 학교 건물로 들어갈 수 있었다. 교실에서 정식으로 수업이 시작되자 교사들은 들어오시는 분마다 신입생들을 축하해주셨다. 화미는 전쟁이 끝난 뒤 첫 입학이어서 선생님들이 축하를 해주신다고 생각했다. 하지만 신입생들이 축하를 받은 큰 이유는 따로 있었다.

당시 대전여중에는 전쟁으로 인해 자리를 잡지 못한 대학 교수 수준의 교사들이 많았다. 서울에 가지 못한 채 대전에서 전쟁이 끝나기를 기다리던 교사들이었다. 덕분에 새내기 여중생들은 훌륭한 선생님들께 여러 과목의 수업을 재미있고 알차게 들을 수 있었다. 예능 과목들도 마찬가지였다. 실제로 화미가 1학년 생활을 마치기 전 미술과 음악, 무용 과목의 여러 교사들이 서울의 여러 대학에 자리를 잡고 떠났다.

화미는 대전여중 안에 있는 학생 미용실에서 머리를 깎곤 했다. 이를 보던 화미의 작은 고모가 하루는 직접 깎아주겠다며 나섰다. 하지만 고모의 솜씨는 기대만큼 훌륭하지 않았고, 어설프게 자른 머리는 양쪽 균형이 잘 맞지 않았다. 고모는 결국 양쪽을 번갈아가며 계속 올려 깎기 시작했다. 한참 뒤 화미의 머리는 영락없이 바가지를 뒤집어쓴 모양이 돼버렸다. 화미는 머리가 마음에 들지 않았지만 이미 엎질러진 물이었다. 화미에 대한 고모들의 관심과 애정은 머리 손질에서 끝나지 않았다.

화미의 큰 고모는 화미에게 멋을 내 준다며 교복 주머니를 학교 규정과 다르게 고쳐주었다. 고모가 손을 본 화미의 교복은 누가 봐도 친구들의 교복과 모양이 달랐다. 입학한 지 얼마 안 돼 머리를 이상하게 깎아 올리고 주머니까지 고친 화미는 마치 불량학생 같은 모습이었다. 학교에서 걸어 다니면 상급생들도 수군거리면서 화미를 쳐다보곤 했다. 이 때문에 억울한 일도 벌어졌다.

하루는 생물 수업 시간에 교과서를 주문하지 못한 학생들이 앞으로 불려 나갔다. 앞으로 나간 학생들은 교과서가 없다며 딱딱한 출석부로 머리를 한 대씩 맞게 됐다. 친구들 여러 명과 함께 머리를 맞던 화미는 자신이 유독 세게 맞았다는 생각이 들었다. 왜 그럴까 생각하던 화미는 그 이유가 자신의 머리와 교복 등 외모 때문이라고 생각했다. 불량스럽게 보인 탓에 다른 친구들보다 더 세게 맞았다는 나름의 추측이었다. 화미는 생물 수업 시간 내내 서운한 마음이 풀리지 않았다. 그 뒤 생물시험에서 90점을 넘게 받은 뒤에야 화미는 선생님이 오해를 푸셨을 것이리 생각하며 억울함을 잊을 수 있었다.

화미는 학교에 다니는 동안 교회에 나가며 열심히 신앙생활을 했다. 화미가 다니던 중앙장로교회에서는 해마다 여름이 되면 계룡산으로 중고등부 수련회를 떠났다. 수련회를 가면 30여 명의 학생들은 늘 모여서 함께 다녔다. 산에서는 중턱에 터를 잡고 군용 텐트를 쳤다. 텐트를 치고 걷는 등 온갖 일을 담당하는 것은 남자 고등학생들이었다. 고등학교 남학생들은 아직 어린 나이였지만 전쟁을 겪은 뒤 못하는 것이 없는 어른처럼 보였다.

수련회를 갈 때면 기독교봉사회 소속의 장로님 한 분은 학생들에게 필요한 물품들을 트럭으로 가장 가까운 곳까지 실어다 주셨다. 교회 집사님들은 수련장까지 함께 오셔서 밥을 해주셨다. 화미와 친구들은 멸치와 양파, 감자, 호박 등 많은 재료들을 넣고 끓인 된장국과 하얀 밥을 대접에 담아 계곡으로 갔다. 친구들과 어울려 계곡물에 발을 담그고 먹는 식사는 늘 행복하고 즐거웠다. 전쟁이 끝난 뒤 아무런 걱정이 없는 식사였다.

수련회에 온 학생들은 넓은 바위 위에서 밤새도록 기도와 성경 공부를 했다. 화미는 '카인과 아벨'의 이야기를 성경공부 시간에 배우면서 하느님이 왜 아벨의 예배만 받으셨는지 궁금해졌다. 한편으로는 카인을 벌하신 장면을 떠올리며 두려운 마음도 들었다. 또 아담과 이브의 선악과 이야기를 공부한 뒤로는 비겁하게 남을 탓하지 않겠다는 심정으로 평생 살게 됐다. 그 뒤로는 라디오에서 방송되는 소설 〈카인의 후예〉도 귀담아 듣게 됐다. 별들이 반짝이는 여름밤에 물소리를 들으며 친구들과 나눈 많은 이야기들은 풀벌레 소리와 함께 소중한 추억이 되었다.

화미는 중학교 첫 수학시간에 칭찬을 받았다. 첫 수업이 시작되기 전 미리 받은 수학책을 펴보던 화미는 '오차'라는 용어를 미리 읽어보았다. 수업시간이 되자 강희동 수학 선생님은 학생들에게 이것저것 묻던 중, 마침 '오차'가 무슨 뜻인지를 물었다. 아무도 대답하지 못하는 사이 화미가 책에서 방금 읽었던 것을 이야기하자 선생님은 웃으며 칭찬해주셨다. 나중에 교회 장로님이 되신 강희동 선생님은 남대전성결교회에서 화미를 다시 만났다. 화미를 알아본 선생님은 "어이, 안화미" 하고 웃으며 먼저 인사해주셨다.

중학교 첫 미술시간도 화미의 기억에 평생 남아있다. 미술 선생님은 학생들에게 여러 가지를 물었다. 하지만 아무도 답을 하지 않자, 선생님은 친절하게 설명을 이어갔다.

"선이 무엇일까요?"
"…."
"선은 점이 연결된 것입니다. 그러면 아름다움은 뭘까요?"
"…."
"아름다움은 모든 사물이 본연의 모습을 있는 그대로 드러내는 것입니다. 바위는 바위답고, 나무는 나무답고, 물은 물의 모습으로 보일 때 아름다운 것입니다."

화미는 아름다움에 대한 미술 선생님의 설명이 너무나 마음에 들었다. 기회가 있으면 자신이 생각하는 아름다움도 꼭 표현해보겠다고 생각했다.

중학교 1학년 여름방학이 되자 화미는 동생 화영과 함께 아버지가 계시는 강원도를 방문했다. 마침 아버지 안 소령이 대전에 들렀다 돌아가는 길이어서 지프차를 타고 강원도까지 함께 이동할 수 있었다. 포장도로가 많지 않은 데다 고속도로도 없어서 안 소령과 두 딸은 밤새도록 덜컹거리는 지프차를 타고 강원도로 향했다. 화미와 화영은 엄마를 만나러 간다는 즐거운 마음에 차 안에서 노래를 불렀다. 아버지도 오래간만에 아이들의 노랫소리를 들으며 즐거워하셨다.

강원도에서는 어머니에게 밀렸던 학교 이야기를 하면서 시간을 보냈다. 어머니는 화미와 화영에게 동해안에서 잡히는 맛있는 생선들을 내주시면서 떨어져 지내며 챙겨주지 못했던 아쉬운 마음을 달래셨다. 맏언니인 화미도 어머니를 돕기 위해 생선 손질을 처음 해보았다. 동네 우물가에서 생선을 손질한 뒤 내장과 지느러미 등은 옆에 땅을 조금 파서 묻어주고, 우물가를 깨끗이 정리하자 지나가던 아저씨가 화미에게 잘했다며 칭찬해주셨다. 화미는 아주 오래간만에 부모님을 만나 편안한 행복감을 느꼈다.

화미 어머니 정선의 반짇고리에는 늘 책이 한 권 있었다. 『수신(修身)』이라는 제목의 얇은 책이었다. 그 책에는 책갈피마다 비단실들이 책갈피처럼 끼워져 있었다. 어머니는 고향 황주에서 어린 시절 배웠던 책에 자신이 아끼던 비단실을 끼워 놓고 어린 시절의 추억을 떠올리곤 했다. 화미는 윤기가 자르르 흐르고 선명한 색깔의 오색 비단실들을 꺼내 한참을 쳐다보곤 했다. 나이가 들어 자란 뒤에는 어머니가 그 책과 비단실을 보시던 모습을 떠올리면서 힘든 삶을 어떻게 견뎌냈을지 안타까운 마음이 많이 들었다.

시간이 훌쩍 지나 방학이 끝날 무렵 화미와 화영은 대전으로 다시 돌아와야 했다. 하지만 1954년 여름, 장맛비가 심하게 내리면서 강원도 곳곳의 도로가 끊겨 돌아올 길이 없었다. 보급이 끊어진 안 소령의 부대는 낙하산으로 물자를 공수받기도 했다. 인근 지역 전체가 완전히 고립됐던 것이다. 화미는 개학 날짜를 맞추지 못한 걱정보다는 부모님과 더 있게 된 것이 좋았다. 물론 대전으로 돌아가지 않을 수는 없었다.

강원도를 떠나는 날, 집에서 나온 화미와 화영은 아버지의 부대로 들어갔다. 안 소령은 딸들을 바로 데려다주고 싶었지만 그럴 여유가 없었다. 안 소령은 부대 안 PX에 아이들을 데려다 놓고 가버린 뒤 돌아오지 않았다. 아버지가 오지 않자 화미와 화영은 가마니에 앉아서 계속 울고 있었다. 아이들을 본 군인들이 누구냐고 물어 안 소령의 딸이라고 하자 와서 말을 걸어주는 군인들도 있었다. 그 가운데 군인 한 명은 화미와 화영에게 재미있는 이야기도 들려주었다. 나중에야 알게 된 이야기의 제목은 '몬테크리스토 백작'이었다. 군인 아저씨의 재미난 이야기 덕분에 화미와 화영은 울음을 그치고 잠시 재미있는 시간을 보냈다.

오후에 아이들을 찾아온 안 소령은 딸들을 대전이 아닌 서울의 장로회총회신학교로 데려다주었다. 신학교는 고모 한 분이 다니는 곳이었다. 신학교로 가는 길에는 서울 남대문시장에 들러 새 구두도 한 켤레씩 사주셨다. 하지만 신학교 기숙사에서도 화미와 화영은 부모님과 떨어진 탓인지 계속 울었다. 당시 신학교 기숙사에는 결혼한 뒤 아이들과 떨어져 지내는 여학생들도 많았다. 그 학생들은 중학생인 화미가 우는 것을 보며 이렇게 큰 아이도 우는데 자기 집 아이는 어떻겠냐며 모두 함께 울었다. 화미와 화영 때문에 그날 밤 신학교 여학생 기숙사가 온통 울음바다가 된 것이다. 다음 날 고모가 대전에 데려다주면서 화미와 화영은 다시 학교에 다니게 되었다. 여름방학이 끝난 지 보름이나 지난 뒤였다.

방학이 끝나는 날이면 학생들은 학교에 나와 청소를 해야 했다. 화미는 2학년 여름방학이 끝나는 날, 집으로 가는 대신 교회로 향했다. 교회에는 화미처럼 학교에 가서 출석을 마치고 온 친구들도 많았다. 한자리에 모여 무언가 재미있는 일을 찾던 여중생들은 함께 오정리(오정동) 포도밭으로 향했다. 지금은 한남대학교가 있는 오정리에는 당시 포도밭들이 많았다. 화미와 친구들은 포도를 실컷 먹으며 점심식사를 대신했다. 포도를 먹고 배가 부른 여학생들의 발길은 가까이에 있는 기독교봉사회관 마을로 향했다.

마을 안에는 외국인 선교사들의 사택이 많았다. 화미와 친구들은 선교사들의 사택을 마치 박물관 구경하듯이 보면서 돌아다녔다. 선교사들의 집은 낯설었지만 가는 곳마다 깔끔하게 정돈돼 있었다. 화미와 어린 여학생들은 마치 외국에 온 것처럼 선교사들의 집을 구경하는 것이 재미있었다. 어느 집 방문에는 식구들이 식탁에 둘러앉아 기도하는 모습이 있는 카드가 붙어 있었다. 화미는 그 모습이 아주 마음에 들었다. 화미는 그때부터 자신도 가정을 꾸려 그렇게 살고 싶다는 생각을 갖게 되었다.

강원도에서 근무하던 안 소령은 근무지를 대전에서 가까운 논산훈련소로 옮겼다. 논산훈련소에서 정병부장을 맡아 근무하던 안 소령은 고등군사반에 들어가 훈련을 받은 뒤 교관으로 발탁됐다. 하지만 광주에서 잠시 근무하던 중 안 소령은 갑자기 전역했다. 화미는 아버지가 왜 갑자기 전역했는지 알 수 없었다.

전쟁도 끝나고 군에서 더 승진하는 것이 어렵다고 판단하셨을 수도 있었다. 하지만 아버지의 갑작스런 전역은 화미에게 적지 않은 충격을 주었다. 어린 시절부터 늘 군복을 입은 아버지의 모습만 봐온 탓이었다. 군복을 벗은 아버지의 모습은 어린 딸들에게 너무나 낯설었다.

아버지의 전역이 좋은 점도 있었다. 더 이상 이사를 다니지 않아도 되는 것이었다. 화미 세 자매는 한집에서 처음으로 안정된 생활을 하게 됐다. 아버지가 전역 직후 처음 집을 구한 곳은 대전고등학교 길 건너편에 있는 관사촌이었다. 당시 대흥동 대전고등학교 정문 앞 쪽에는 군 관사가 많았다. 그 중 일부는 개인에게 매각되는 경우도 있었다. 아버지는 관사촌의 작은 가옥 하나를 사들였다. 화미와 가족들의 집 바로 옆은 지역 3관구 사령관의 관사였다.

당시 3관구 사령관은 최홍희 장군이었다. 최홍희 장군은 1966년 국제태권도연맹(ITF)을 서울에서 창설하고, '태권도'라는 명칭을 처음 사용한 것으로 널리 알려진 인물이다. 최홍희 장군에게는 화미의 막냇동생 화숙보다 어린 미연과 선희, 중화 등 아이가 셋 있었다. 화미와 자매들은 사령관 관사에 자주 놀러 다녔고 최 장군 댁 아이들 역시 화미의 집으로 아무 때나 놀러오곤 했다. 당시 최홍희 장군 관사의 소탈했던 분위기는 사모님 덕분이었다. 지역 사령관의 부인이었지만 누구에게나 친절했고 스스로를 내세우지 않았다. 일반 사병들이라고 무시하는 일도 없었다.

　최 장군 관사에서는 식사를 할 때면 사령관부터 관사에서 일하는 사병들까지 모두 모여 둘러앉아 식사를 했다. 늘 한복을 입고 있던 사모님은 식사 준비를 도와주는 아주머니와 함께 커다란 그릇에 온갖 야채를 볶았다. 일부러 다함께 나눠 먹을 수 있는 요리를 자주 하는 것이었다. 관사 형편이 넉넉하지 않은 탓도 있었겠지만 지역 사령관과 사병이 함께 식사를 할 만큼 분위기가 소탈했다. 최 장군의 사모님은 옆집으로 이사 온 화미의 부모님이 좋은 분들이라고 생각하셨다. 덕분에 아이들끼리 오가면서 어울려 놀고 가깝게 지내는 것을 말리지 않으셨다.

　세월이 한참 지나 최 장군 가족을 까맣게 잊고 지내던 1980년대 초반, 당시 전두환 대통령 암살 미수 사건이 캐나다에서 벌어졌다. 이 사건은 사전에 암살 음모가 드러났고, 주요 용의자는 도피 끝에 캐나다 경찰에 자수했다. 당시 암살사건을 주동한 인물이 바로 화미의 옆집에 살던 최홍희 장군의 아들 최중화였다. 이 소식을 들은 화미의 가족은 크게 놀랐다. 어릴 때 가까이에서 본 기억으로는 가족 모두 온화했고, 어느 누구도 그런 사건과는 어울리지 않았기 때문이었다. 화미는 어릴 때 보았던 꼬맹이 중화의 얼굴을 떠올려봤지만 좀처럼 같은 인물일 것이라는 생각이 들지 않았다.

1957년, 화미는 대전여중을 졸업하면서 대전 공립 서여고에 4회 신입생으로 입학했다. 지금은 없어진 서여고는 당시 학교 건물이 없어서 대전여중 교사 한 동을 빌려서 수업을 하고 있었다. 학년별로 한 반 정도의 학생들만 수업을 받았다. 대전여중의 교장선생님이 서여고의 교장을 함께 맡고 있었다.

화미는 대전여고에 가고 싶었지만 가까운 친구 나광자와 함께 서여고로 진학하고 대전여중을 그대로 오가게 되면서 큰 불만은 없었다. 그러나 서여고는 결국 폐교됐고, 학적부는 고등학교 과정인 대전사범학교로 옮겨졌다. 후일 대전사범학교가 충남고등학교로 바뀌면서 서여고의 당시 학적부는 충남고등학교에 옛 흔적으로 남게 됐다.

화미와 가족이 한집에 모여 사는 시절도 생각보다 오래가진 못했다. 아버지가 일자리를 찾아 서울로 떠나셨기 때문이었다. 아버지 두훈은 군에서 제대한 뒤 전구를 만드는 회사에 취직했다. 아버지가 취직한 회사의 사장은 육촌 여동생의 남편이었다. 하지만 아이를 낳지 못한 여동생이 이혼하면서 아버지 역시 회사를 그만두게 되었다.

그 뒤 아버지는 여러 회사를 옮겨 다녔다. 건설회사에서는 인부들에게 돈을 제대로 주지 않는 사장과 마음이 맞지 않았다. 속옷 생산 회사에서는 군납 물량을 받아오길 원하는 사장의 요청을 제대로 들어주지 못했다.

↖ 교문 앞에서(왼쪽 두 번째가 화미)   ↖ 나광자·안화미(고1 시절)

　　아버지 두훈은 잡지사 지사를 운영할 생각도 잠시 갖게 되었다. 두훈이 떠올린 잡지는 「가정교육」이었다. 교육에 대한 부모들의 관심이 커서 잡지도 잘 팔릴 수 있을 것 같았다. 연락을 받은 서울의 잡지사에서 청년 한 명이 내려와 상담을 했다. 그 청년은 후일 중문학자이면서 시인과 수필가로 널리 알려진 고 허세욱 교수였다. 대만으로 유학을 떠날 준비 중이던 허 교수는 잡지사에서 잠시 일하는 사이 마침 회사로 연락을 해온 두훈의 집을 방문하게 되었다. 허 교수의 전공을 모른 채 한문 등에 박식한 허 교수를 아버지는 훌륭하게 여겼고, 남자 형제만 많은 것을 알고는 아들처럼 생각할테니 자신의 딸들을 동생처럼 여겨달라고 이야기했다. 그 뒤로 허세욱 교수와 화미 자매들은 2010년 허 교수가 세상을 떠날 때까지 계속 연락을 주고받으며 친남매처럼 가깝게 지냈다.

하지만 두훈은 「가정교육」 잡지 지사를 운영하지는 않았다. 아버지가 제대한 뒤 안정적인 수입이 끊기자 가족들의 생활은 가난해졌다. 군인연금도 아직 나오지 않는 시기였다. 결국 화미는 자신이 하고 싶은 것들을 하는 대신, 큰 딸로서 돈을 벌어야 한다는 생각을 갖게 되었다.

화미는 고등학교 3학년이 되면서 서울 해방촌 인근의 보성여고로 전학했다. 아버지가 서울에 계셨고 고모 집에서 기거할 수 있어 어머니가 화미를 서울로 보내신 것이다. 이 역시 어려운 가정형편 탓이었다. 화미는 서울 정신여고로 전학을 가고 싶었지만 전학 비용이 많이 들었다. 그래서 선택한 곳은 보성여고였다. 보성여고는 평안북도 선천에서 1907년 처음 개교했지만 일제강점기 시절 학교 운영이 어려워지며 문을 닫았다. 그 뒤, 월남했던 고 한경직 목사가 이사장을 맡았고 1950년 5월 서울에서 다시 개교했다.

서울 해방촌에 있는 보성여고 인근에는 허름한 판잣집들이 많았다. 판잣집 인근에는 당시 주변과 전혀 어울려 보이지 않았던 새로 지은 해방교회도 있었다. 가정형편 탓에 대학에 진학할 생각이 없었던 화미는 고모 집에서 고등학교를 다니며 책을 읽거나 글을 쓰면서 시간을 보냈다.

보성여고로 전학한 뒤 5월이 되자 학교에서 교내 백일장이 열렸다. 화미는 '6월이 오면'이란 제목의 수필로 우수상을 받았다. 중학교 2학년 시절, 강형란 담임선생님의 결혼식에 참석할 때, 온 동네를 돌아다니며 부탁해 백합꽃을 한 아름 잘라 결혼 선물로 가져갔던 경험을 담은 내용이었다. 화미는 자신이 쓴 글을 교직원과 학생들이 모인 가운데 인근 해방교회에서 발표한 뒤 김선량 교장선생님에게 상장을 받았다. 강당이 없어 당시 학교의 많은 행사는 해방교회에서 열리곤 했다.

↖ 보성여고 교내 문예콩쿨대회 우수상 수상(1959년 6월 26일)

↖ 중2 담임 선생님 결혼식(꽃다발 오른쪽 아래가 화미. 1955년 6월)

　10월이 되자 건국대학교에서 고등학생들을 대상으로 백일장을 열었다. 5월 교내 백일장에서 상을 받았던 화미는 이번에는 학교 대표로 백일장에 나가게 됐다. 건국대학교 백일장에서 화미는 '엄마'라는 제목의 글을 써 '아름다운 글' 수상작에 뽑혔다. '엄마'라는 글은 어린 시절 집에 돌아가 어머니가 안 계시면 온 동네를 찾아다녔던 것과 평생 늙지 않으시기를 바라는 마음에 '어머니' 대신 '엄마'라고 부른다는 내용이었다.
　백일장 시상식은 건국대학교에서 열렸다. 화미는 국어 선생님과 함께 시상식에 참석했다. 장안동에 있던 건국대는 전쟁 뒤 흙바닥에 덩그러니 지어져 있었고, 건물도 별로 없었다. 비가 온 뒤여서 학교 운동장은 온통 진흙탕이었다. 시상식에는 심사위원인 임옥인 소설가와 박목월 시인이 참석했다. 화미는 시집에서 이름만 보던 박목월 시인을 직접 만나 반가웠다. 박목월 시인은 호리호리한 몸매에 아주 잘생긴 얼굴이었다.

하지만 시상이 끝난 뒤 학교에서 나오는 길에 화미는 엉뚱한 일로 크게 실망했다. 화미는 국어 선생님과 함께 교수들이 탄 스쿨버스를 타고 학교에서 나왔다. 버스 안에는 총장 비서실의 여직원도 타고 있었다. 교수들은 버스 안에서 여직원에게 듣기 민망한 농담을 계속 이어갔다. 버스 안에 고등학생인 화미가 타고 있는 것을 모르는 것 같았다. 뒤에서 모른 척하고 듣고 있던 화미는 당장 버스에서 내리고 싶은 생각이 들었다. 하늘같이 높게 느껴졌던 대학 교수님들이 그런 이야기들을 아무렇지도 않게 하리라고는 상상도 못했던 것이다. 화미는 버스에서 내릴 때까지 백일장 부상으로 받은 동아출판사의 백과사전 한 권을 꼭 끌어안고 있었다.

화미의 서울 생활은 외로웠다. 대전에 있는 친구들이나 가족과

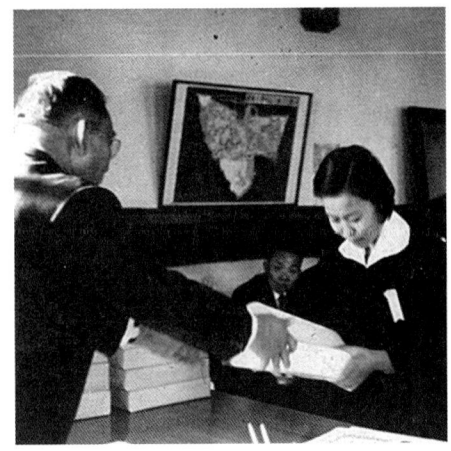

↖ 건국대 고교백일장 수상(1959년 11월 18일)

떨어졌기 때문이었다. 못 만나는 친구들과는 편지를 주고받으며 시간을 보냈고, 중학교 시절 선생님들에게도 편지를 보냈다. 화미의 편지를 받은 한 선생님은 답장을 보내주시기도 했다. 담임 선생님은 수업이 끝난 뒤 화미에게 아무 말 없이 편지를 건네주셨다. 편지는 선생님이 먼저 뜯어본 뒤였다.

화미는 대전에서 옆집에 살며 가깝게 지냈던 최홍희 장군 댁을 찾아갈 기회도 있었다. 우연히 최 장군의 딸을 만난 화미는 최 장군 사모님이 집에서 같이 지내며 아이들을 가르쳐줄 가정교사를 찾고 있다는 이야기를 들었다. 집으로 찾아온 화미에게 최 장군 사모님은 화미가 가정교사를 맡는 것은 좋지 않을 것 같다고 말씀하셨다. 반가워하실 것을 기대했던 화미에게는 뜻밖의 대답이었다.

"너도 알다시피 우리 집에는 젊은 군인들이 시도 때도 없이 많이 드나드는데, 어린 여고생이 함께 있는 것은 그렇게 좋을 것 같지는 않구나."

화미는 최 장군 사모님 말씀이 옳다고 생각했다. 그저 함께 지내는 것을 불편해하거나 데리고 있기 싫어서 거절한 것이 아니라 오히려 화미를 진심으로 걱정해준 것이라는 생각이었다. 아버지와 어머니도 최 장군 사모님의 의견에 동감하셨다. 화미는 그 말씀을 해주던 최 장군 사모님의 표정이 오랫동안 생생하게 기억났다. 자신을 아껴서 집안에 들이고 싶지 않은 마음을 충분히 느낄 수 있었기 때문이었다. 그 뒤로는 최 장군 가족을 만날 기회가 없었다. 하지만 화미는 최홍희 장군 사모님의 사려 깊은 마음과 인품을 잊을 수가 없었다.

1960년 2월, 보성여고 졸업 후 화미는 곧바로 대전으로 내려왔다. 고등학교 졸업과 함께 화미는 취직을 준비했다. 아버지는 여

↖ 서울 보성여고 5회 졸업 기념(1960년 2월 24일)

전혀 생활비를 제대로 마련해주지 못하셨고, 동생들의 공부를 위해서도 맏언니는 돈을 벌어야 했다. 교회에서 화미를 잘 알고 지내는 이장춘 장로님께서 사정을 알고 본인이 봉사하는 대전 오정동 기독교봉사회 영아원에 일자리를 만들어주셨다.

당시 영아원에는 전쟁 뒤 부모에게 버림받은 아이들이 많았다. 아이들이 불쌍하게 느껴진 화미는 한 명 한 명 성심껏 돌봐줬다. 영아원에서 함께 일하는 언니들도 화미를 많이 아껴주었다. 하지만 영아원 일은 사실상 봉사활동 수준이었다. 일을 해도 집에 도움이 될만한 급여를 받을 수는 없었다. 화미의 사정을 알게 된 이 장로님은 시장에서 장사를 배울 것을 권하셨다.

↖ 대전 오정동 기독교봉사회 영아원 근무 시절(1960년 5월)

결국 영아원 일을 시작한 지 두 달 만에, 화미는 아까시나무 꽃향기가 은은하게 퍼지던 영아원을 뒤로 한 채 다른 일자리를 찾아 떠났다.

1960년 6월 1일, 화미는 대전 중앙시장으로 처음 출근했다. 시장에서 일하게 된 곳은 동방상회였다. 가까운 친구의 어머니가 화미를 동방상회 이병익 사장에게 소개했고, 곧바로 취직을 한 것이다. 평안북도 선천이 고향인 이병익 사장은 반공포로 출신이었다. 교회 집사였던 이 사장은 논산 포로수용소에서 지내다 1953년 6월, 반공포로 석방으로 풀려났다. 자유를 찾은 뒤에는 목포에서 살고 있던 가족을 만나 함께 살았다. 그 뒤 전쟁이 끝나면서 대전으로 온 이병익 사장은 중앙시장에서 포목장사를 시작했다.

동방상회는 당시 한창 인기를 끌던 화학섬유와 나일론 제품을 취급했다. 일이 많아지면서 직원들은 정신없이 바빴고, 가게도 한창 성장하던 시기였다. 동방상회는 당시 부산의 쌍미섬유와 많은 거래를 했다. 부산에서 섬유업으로 이미 자리 잡은 쌍미섬유는 동방상회의 중요한 거래처였다. 이병익 사장은 목포에서 김무봉 목사님의 딸과 결혼했다. 그 뒤 부산으로 이사해 목회 활동을 하던 목사님이 부산 쌍미섬유의 창업주를 이병익 사장에게 소개해준 것이다. 당시 쌍미섬유 공장은 현재의 부산 연제

구 부산시청 인근에 있었다.

화미는 동방상회에서 경리 역할을 맡았다. 가장 중요한 업무는 매일 오전 대전역 앞에 있던 조흥은행으로 가서 돈을 입금하는 일이었다. 중앙시장 인근의 조흥은행은 늘 붐볐다. 창구 앞에는 줄이 길게 늘어서 있기도 했다. 하지만 화미는 은행 업무를 누구보다도 빨리 마치곤 했다. 은행 직원들이 화미가 가져간 돈은 액수를 다시 확인하지 않았기 때문이었다. 매일 들르면서 한 번도 오차가 없자 은행원들은 화미가 가져온 현금은 세어보지도 않고 그대로 입금을 받아주었다. 입금과 함께 필요할 때마다 송금이나 수표 추심을 하는 것도 화미의 업무였다. 어떤 날은 은행 지점장이 웃으면서 화미에게 다가와 먼저 인사를 해 크게 당황하기도 했다.

화미는 장사를 배우며 매일 큰돈도 만졌지만 재물에 대한 욕심이 생기지는 않았다. 그저 월급을 받는 일이라는 생각일 뿐이었다. 5년 동안 열심히 일을 했지만 월급이 오르거나 보너스를 받는 일도 없었다. 화미는 후일 퇴직하면서 퇴직금도 전혀 받지 못해 한편으로는 서운한 마음도 들었다. 하지만 돈 문제를 가지고 누군가와 불만스러운 이야기를 하고 싶지는 않았다.

당시 대전 중앙시장으로 전국의 상인들이 몰리는 것은 이유가 있었다. 서울에서 호남으로 가는 철도 노선이 아직 개통되지 않았고, 경부선도 완전히 개통되지 않은 시절이었다. 자연스럽게 서울과 호남, 영남 상인들은 모두 대전으로 모여들었다. 특히 대전 중앙시장은 포목이나 섬유 부문에서는 전국에서 가장 많은 물량이 모이는 중심지였다. 새벽마다 중앙시장 안팎은 원단이 담긴 가마니들이 사방에 가득 쌓였다. 가마니 사용이 여전히 흔했던 탓에 원단들도 가마니로 포장해 운반하던 시절이었다. 가마니에 담긴 포목 짐을 운반해준 인부들은 품삯으로 원단을 포장해 온 가마니를 가져가곤 했다.

새벽에 골목에 들어온 원단들을 다른 상인들이 일하는 데 방해가 되지 않도록 일찍 치우려면 화미는 새벽 5시에 서둘러 출근해야 했다. 원단들을 정리하고 나면, 이번에는 원단을 팔 수 있는 단위로 잘라야 했다. 당시에는 센티미터(cm) 등 미터 단위보다는 인치를 기준으로 한 '마' 단위가 주로 쓰였다. 한 '마'는 1야드(yard)였고, 1야드는 36인치(inch) 혹은 91.4센티미터(cm)였다.

'30마'나 '50마' 단위로 원단을 끊으려면 한 마 길이의 대나무 자를 들고 원단을 잡은 뒤 30번이나 50번을 재고 풀어낸 뒤 가위로 잘랐다. 처음에는 대나무 자를 들고 길이를 쟀지만 화미는 며칠 만에 자 없이도 거의 정확하게 길이를 쟀다.

공장에서 배달되는 원단들은 늘 길이가 일정하지 않았다. 원단을 감으면서 정확하게 길이를 재지 못하는 탓에 여유 있는 길이로 보내기 때문이었다. 이 때문에 '마' 단위로 잘라서 정확하게 길이를 재고 나면 실제로는 사들인 것보다 꽤 많은 길이가 남았다. 부지런히 원단 길이를 재고 정확히 잘라 팔수록 수익은 더 늘어났다.

시장 생활을 3년여 하는 사이 화미는 결혼을 생각하기 시작했다. 결혼 생각이 떠오른 것은 이화여대를 졸업한 가까운 친구가 먼저 결혼한 뒤였다. 결혼하면 안정된 생활을 하면서 동생들을 뒷바라지하는 데에도 도움이 될 것 같았다.

그 무렵, 동방상회에 한 번씩 들르는 청년이 있었다. 전쟁 전 북에서 부모님과 헤어져 혼자 월남했다는 이야기만 들었을 뿐, 별로 말을 해볼 기회는 없던 청년이었다. 그 청년은 늘 외상으로 원단을 가져갔지만, 한 번도 대금을 늦게 가져오는 일이 없었다. 오히려 하루나 이틀씩 일찍 원단 값을 가져왔고, 동방상회 사장님도 늘 그 청년을 믿고 원단을 내주셨다. 시장 안에서는 그 청년이 혼자 살면서도 술 담배를 전혀 하지 않고, 식사도 늘 직접 해먹는 성실한 총각이라는 이야기가 들렸다.

그 청년의 별명은 '골목의 조카님'이었다. 조금씩 관심을 갖게 되면서 화미는 그 청년이 혼자 살지만 뼈대 있는 집안 출신일 거라는 막연한 생각도 했다. 그 청년은 영변 출신 홍주였다.

· History ·
반공포로 석방

한국전쟁 당시 북한 인민군과 중공군 포로들을 가장 많이 수용한 곳은 경남 거제도 포로수용소였다. 거제포로수용소에는 많을 때는 17만 3천 명까지 수용됐다. 하지만 한 곳에 너무 많은 포로들이 수용되면서 수용소 내부의 좌·우익 갈등 속에 폭동과 살해 사건 등이 이어졌다. 이 때문에 포로수용소는 1952년 7월 무렵, 전국 곳곳에 포로수용소가 추가로 만들어졌고, 포로들도 분산 수용됐다.

1953년 6월 18일, 당시 이승만 대통령은 반공포로 석방을 단독으로 결정하고 자정을 기해 치밀하게 진행했다. 포로 석방은 반공포로들이 북으로 송환될 경우 안전을 장담하기 어렵다는 인도적인 측면과 함께, 당시 막바지였던 휴전회담에 대한 반발도 작용한 결정이었다. 부산과 대구, 마산, 부평, 광주, 영천 등과 함께 논산포로수용소에서도 반공포로들이 일제히 석방됐다. 전국 7개 수용소에서 석방된 포로는 모두 2만 7천92명에 달했다.

논산 제6포로수용소는 논산 연무읍 안심리 일대에 건설돼 있었다. 육군 자료에 따르면 반공포로 석방 당시 논산 포로수용소에는 1만 천38명의 포로가 수용돼 있었으며, 그 가운데 8천24명의 포로들이 국군 헌병들의 도움을 얻어 탈출했다. 탈출한 포로들 가운데 336명이 다시 체포됐고, 공식 기록상 2명이 사망했다. 하지만 당시 탈출했던 포로들과 수용소에서 근무했던 헌병들은 탈출 과정에서 100여 명의 포로들이 미군의 총격으로 사망했다고 증언했다. 1981년, 인근의 군 병원 건물 건설 과정에서 100여 구 가량의 유해가 발견되기도 했다.

당시 탈출해 인근 지역은 물론 전국 곳곳으로 흩어져 자리 잡은 반공포로들은 포로 석방을 결정한 이승만 대통령 추모비를 논산 관촉사 경내에 세웠다.

논산 관촉사 소재 이승만 대통령 추모비
(논산시청 제공)

· History ·
전두환 암살 음모와 최중화

제5공화국을 이끈 전두환 전 대통령의 군사 반란과 5·18 광주민주화운동에서 벌어진 학살 및 진압에 반발하는 이들이 국내외에 많았다. 그 가운데에는 1961년 5·16 군사쿠데타에 가담했던 최홍희 전 소장과 아들 최중화도 있었다.

최홍희 전 소장은 '태권도' 명칭을 처음 만들고, 1966년 국제태권도연맹(ITF)을 창설했다. 김운용 총재가 1973년 세계태권도연맹(WT)을 창설하기 7년 전이었다. 최전 소장은 박정희 정권과 갈등을 빚다 1972년 가족을 데리고 캐나다로 망명해 유신체제 반대운동을 벌였다.

후일 ITF 총재가 된 최홍희의 아들 최중화는 1981년, 전두환 대통령 암살을 시도했다. 최중화는 찰스 야노버와 마이클 제롤이라는 인물에게 60만 달러를 주고 필리핀의 한 휴양지를 방문하는 전두환 대통령을 암살할 계획을 캐나다에서 모의했다. 이 과정에는 북한 측 인물들이 개입된 것으로 후일 캐나다 경찰의 조사 결과 드러났다. 암살 음모는 공작금을 받은 두 사람이 캐나다 경찰에 신고하면서 사전에 드러났다. 최중화는 암살 음모가 드러난 뒤 동구권과 북한 등에 거주하며 도피하던 중, 1991년 1월 캐나다에 입국해 경찰에 자수했다. 최중화는 캐나다 법원에서 6년의 징역형을 선고받고, 1년 뒤 모범수로 출소했다.

10대에 아버지와 함께 고국을 떠났던 최중화 ITF 총재는 지난 2008년 9월 한국으로 34년 만에 귀국해 전향했다. 최 총재는 기자회견을 통해 북에서 만들어 낸 사건에 본의 아니게 관여가 됐었다며 암살 시도 사건에 대한 대가를 치르겠다고 공개적으로 밝혔다.

최중화 ITF 총재 귀국 기자회견(2008년 9월 8일)
(SBS 뉴스 캡쳐)

골목의 조카님

홀로 남겨진 홍주는 대전 중앙시장에서
장사를 시작한다. 새벽 일찍 밥을 지어 먹고,
술이나 담배는 가까이하지 않는다.
여러 품목들을 부지런하게 사고팔면서 점차
시장 상인들의 신용도 얻게 된다. 홍주처럼
고향을 떠나 남쪽으로 내려온 상인들의
도움도 받는다. 시장에는 홍주와 화미를
이어주려는 어르신들이 많아진다.

1961년, 군에서 제대한 홍주는 갈 곳이 없었다. 어렵게 먼저 찾아간 곳은 숙부인 낙수였다. 숙부 집에서는 1년만 지내겠다고 말씀드린 뒤 작은 방을 하나 얻었다. 홍주는 그곳에서 기거하며 할 만한 일을 찾았다. 홍주가 어린 시절 고향을 떠난 뒤 해본 일은 장사밖에 없었다. 일할 기회는 자연스럽게 시장 주변에서 찾게 되었다.

북에서 내려온 많은 이들은 홍주처럼 시장에서 일을 시작했

↖ 홍주의 숙부 길낙수 장로 취임(1965년 10월 26일)

다. 아무런 기반이나 자본이 없기 때문이었다. 다행히 홍주는 시장을 오가며 일을 시작한 뒤, 아는 분들에게 많은 도움을 받았다. 군 복무 시절 군에서 보급 받은 레이션 박스를 팔아가며 알뜰하게 모은 돈도 적으나마 일을 시작하면서 요긴하게 쓸 수 있었다.

"그동안 돌봐주셔서 감사합니다. 이제 나가보겠습니다."

숙부 집에서 살기 시작한 지 정확히 1년이 되는 날, 홍주는 숙부에게 쌀 한 가마니를 사드리고 나왔다. 독립하며 나올 때 가진 것이라고는 짐자전거와 뒤에 실린 짐이 전부였다. 짐을 가지고 찾아간 곳은 전쟁 뒤 난민들이 많이 살던 대전 신안동이었다. 신안동에서 가장 싼 방을 찾던 홍주는 난민들이 자신들이 사는 방 하나를 세 주는 곳을 찾았다.

신안동 쪽방의 월세는 4백 원이었다. 조금 큰 방의 한가운데에 벽을 세워 둘로 나눈 방이었다. 가운데 벽 위에는 천장 아래 조그맣게 구멍이 뚫려 있고 그 자리에 전등이 하나 있었다. 반으로 갈라진 양쪽 방은 그 전등 하나를 조명으로 함께 사용했다. 토방 같은 부엌에는 16공탄 연탄불을 하나 피울 수 있었다. 수돗물은 아직 들어오지 않았고, 식수나 모든 생활용수는 동네가 함께 사용하는 공동 수돗가를 이용해야 했다.

다른 이들과 마주치기 싫었던 홍주는 매일 새벽 4시에 일어나 밥을 지어 먹었다. 수돗가를 여러 사람들과 번잡하게 사용하면서 여성들과 얼굴을 마주치는 것이 부끄럽기도 했기 때문이었다. 홍주가 이른 아침식사를 마친 뒤 설거지를 하면 다른 이들이 수돗기에 나오기 시작했다. 반찬이라고는 멸치를 볶은 장조림에 두부 한 모가 전부였다. 음식은 보관할 곳이 없었고 많이 필요하지도 않았다. 홍주는 반찬도 늘 혼자서 먹을 만큼만 만들어 먹었다. 반 년 정도 지나면서 불편한 생활도 익숙해질 무렵 방주인은 무슨 사정인지 홍주에게 나가달라고 했다.

할 수 없이 거처를 옮기게 된 홍주는 이번에는 신흥국민학교 뒤에 방을 구했다. 학교에서 뒤로 더 들어가야 나오는 집이었고, 전에 있던 곳보다는 한결 나은 동네였다. 지내는 곳은 이런 식으로 거의 해마다 바뀌었다. 다행히 혼자서 먹고 자는 곳을 구하는 것은 그리 어렵지 않았다. 가족없이 혼자 사는 처지가 오히려 홀가분하게 느껴지는 때도 있었다. 한여름에는 산내면 냇가에 가서 목욕을 하고 빨래를 해 오는 날도 있었다. 흐르는 냇물에 빤 옷가지들은 한낮에 뜨겁게 달궈진 자갈 위에 올려놓으면 금방 말랐다.

시장을 전전하던 홍주는 직물장사가 익숙해졌다. 전쟁 뒤 직물공장들이 곳곳에 들어섰고 부지런하면 돈을 벌 수 있었다. 당시 중앙시장에서 크게 장사를 하던 이대순 사장은 홍주에게 가게 한 모퉁이를 내주셨다. 장사가 잘되는 자리는 아니었지만 시장 안에 자리를 잡은 것만도 큰 기회였다. 이대순 사장은 홍주가 군에 가기 전부터 많이 아껴주셨다. 시장에는 부지런한 홍주가 제대한 뒤 중앙시장에서 자리 잡을 수 있도록 도와준 어르신들이 여러 명 있었다.

대전에서는 중앙시장보다 인동시장이 더 크고 오래된 시장이었다. 그러나 당시 중앙시장은 각종 천과 옷감을 취급하면서 대전에서 가장 규모가 큰 시장으로 자리 잡고 있었다. 그에 비하면 인동시장은 가까운 지역에서 모인 농산물 등이 여전히 많이 거래되고 있었다.

중앙시장에서 처음으로 가게 자리를 얻은 홍주는 '우라지'라고 불리던 안감용 천 등 이것저것 닥치는 대로 팔기 시작했다. 레이스 무늬의 큰 천을 길게 잘라 얇은 레이스로 만들어 다시 팔기도 했다. 레이스는 아동복이나 모자를 만드는 이들에게 잘 팔렸다. 인견도 많이 팔리는 직물이었다. 어떤 때는 많이 구입해놓은 인견이 남아서 골칫거리가 되기도 했다. 그러면 외상으로 가져온 원단 값을 갚기가 어려웠다. 남은 인견을 처리하기 곤란해지면 홍주는 인견으로 커버를 씌운 양산을 주문해 만들어 팔았다. 다행히 인견보다 양산이 더 잘 팔리는 때도 있었다.

밀가루 포대도 잘 모아 손질하면 돈을 벌 수 있었다. 당시 밀가루 포대는 요즘 같은 두툼한 종이 재질이 아닌 촘촘한 면직물이었다. 밀가루 포대들을 모아 세탁한 뒤 까맣게 염색을 하고 풀을 먹이면 포대는 그럴듯한 천으로 바뀌었다. 이렇게 만든 천은 아이들의 반바지 운동복을 만들기 좋았다.

홍주는 여름 동안 시간이 날 때마다 가까운 금산이나 멀게는 마산 등 곳곳을 돌아다니며 밀가루 포대를 사들였다. 가을이 되면 포대를 공장에 맡겨 염색을 한 뒤 풀을 먹였다. 그렇게 만들어진 천은 가을운동회 철이 다가오면 없어서 못 팔 정도였다. 밀가루 포대를 염색해 팔면 돈이 된다는 것은 모두가 알고 있었다.

그렇다고 시간이 날 때마다 부지런하게 움직이며 염색을 하고 풀을 먹여 파는 이들이 많은 것은 아니었다. 밀가루 포대 염색 장사는 후일 결혼 뒤 중앙시장 안에 제대로 된 점포를 얻기 전까지 이어졌다.

가진 것 없는 홍주를 도와주신 분들 가운데에는 서울 남대문시장에서 덕성상회를 운영하던 조덕성 장로도 있었다. 홀로 월남한 뒤 고생하지만 성실하게 사는 홍주를 내심 좋게 평가해준 덕분이었다. 조덕성 장로는 월남하기 전 대전 대성학원 안기석 이사장과 평양의 한 교회에서 함께 장로 생활을 했었다. 서울과 대전에 떨어져 자리 잡은 뒤에도 두 분은 가깝게 지냈다. 조덕성 장로는 교회에 다니던 홍주를 '작은 집사'라고 불렀다.

"작은 집사, 원단 필요하지 않나?"
"저야 늘 필요하죠."
"그럼 우리 가게에서 필요한 만큼 가져가, 돈은 나중에 주고."
"네? 그래도 될까요?"
"작은 집사야 일을 허투루 하지 않는데 뭘 걱정하겠어. 가게에 이야기해놓았으니까 앞으로 그렇게 해."

그 뒤 덕성상회에서는 홍주에게 늘 외상으로 원단 등 물품을 내어 주었다. 홍주는 그렇게 얻은 기회를 놓치지 않고 꼬박꼬박

물품 대금을 갚으며 신용을 쌓았다. 덕성상회 조 장로는 반공포로 출신인 중앙시장 동방상회 이병익 사장과도 가까운 사이였다. 홍주 역시 동방상회와 거래를 하고 있었다. 제대한 뒤 시일이 지나면서 홍주는 시장 안의 여러 곳과 거래를 늘려나갔다.

중앙시장에서 일을 하며 홍주가 얻은 별명은 '골목의 조카님'이었다. 숙부 낙수의 가게가 중앙시장에 있었고, 여러 어르신들이 홍주를 조카처럼 아껴주면서 얻은 별명이었다. 홍주의 부지런함이나 신용을 높이 사서 아껴주는 이들은 계속 늘어났다. 홍주가 거래를 하기 시작했던 동방상회의 이병익 사장도 그 가운데 한 분이었다.

동방상회를 드나들게 된 홍주는 동방상회에서 일하는 경리 아가씨를 한 번씩 볼 기회가 있었다. 그 처녀는 황해도 황주 출신의 화미였다. 홍주는 화미가 고등학교를 졸업한 뒤 집안을 돕기 위해 시장에서 일을 한다는 말을 다른 상인들에게 전해 들었다. 시장에서 열심히 일하는 두 사람 모두를 잘 아는 어르신 여러 명이 다섯 살 차이가 나는 영변 총각과 황주 처녀를 맺어주겠다고 나섰다.

베를린의
파독 간호사

화미의 동생 화영은 간호고등학교에
진학한다. 우수한 학생들이 모인
간호고등학교에서 이론과 실습 모두 최고
수준의 교육을 받는다. 도립병원의 조산원에서
잠시 일하던 화영은 해외 취업을 결심한다.
독일 베를린에서 간호사 생활을 시작한 화영은
병원장이 된다. 40년을 넘긴 독일 병원 근무는
남편의 고향에서 마무리된다.

1953년, 화미 동생 화영은 대전 대흥국민학교에 입학했다. 어머니가 아버지를 따라 전국 여러 곳을 전전하던 사이, 화영이 언니와 고모들과 함께 살던 시절이었다. 학교는 다녔지만 제대로 공부하기는 어려웠다.

화영은 겨울이 유독 춥고 힘들었다. 교실 안 걸상에 앉아있긴 했지만 실내라는 생각이 들지 않았고 마치 운동장 한가운데에 앉아있는 느낌이었다. 화영은 체구가 작고 몸도 약한 편이었다. 여러 벌 겹쳐 입은 옷들은 한겨울 추위를 막아주기에 충분하지 않았다. 손도 많이 시렸지만 얇은 신발 탓에 발은 더 많이 시렸다. 교실에 있는 커다란 유리창 틈새로는 얼어붙은 찬바람이 계속 들어왔다. 화영은 추위 탓에 공부를 하고 싶다는 생각도 별로 들지 않았다.

학교에서는 정말 추운 겨울날에만 난로를 피워주었다. 난로는 통나무 2, 3개만 집어넣어도 꽉 찰 정도로 아주 작았다. 교실 한가운데에 자리 잡은 작은 난로는 교실 전체를 따뜻하게 덥히기 어려웠다. 난로에서 멀리 앉아있으면 난로에 불을 피운 것인지조차 알 수 없었다. 다만 불을 피우면서 나오는 매캐한 연기가 난로를 피운 것을 알려주는 신호였다. 화영은 겨울이면 어머니가 짜주신 벙어리장갑을 교실 안에서도 하루 종일 벗지 않았다.

화영은 추위 탓에 1학년 겨울에는 학교를 거의 가지 않았다. 학교를 제대로 다니지 않아 2학년으로 올라가는 것이 어려울 정도였다. 받아쓰기 시험에서는 5점을 받는 날도 있었다. 하지만 그 시험지를 웃으면서 흔들고 들어오는 화영을 가족들은 어이없이 바라봤다. 화영의 성적을 걱정했던 고모들은 저녁마다 돌아가면서 공부를 가르쳐주기 시작했다. 고모들은 같이 앉지 않으려는 화영의 머리를 인형처럼 땋아주고 리본도 달아주면서 예쁘다고 달래주었다. 그러면 화영도 한동안 함께 앉아 공부를 했다. 덕분에 화영은 2학년으로 무사히 올라갈 수 있었다.

전쟁이 끝난 뒤 세 자매와 가족들의 생활은 조금씩 안정을 찾아갔다. 화영도 학년이 올라갈수록 환한 웃음을 찾았고 학교생활에도 재미를 느꼈다. 군인이었던 아버지가 더 이상 전쟁터에 나가지 않아도 된다는 생각만으로도 가족은 웃을 수 있었다. 화영은 학교에서 있었던 일을 늘 집에 와서 이야기하곤 했다. 화영의 이야기가 시작되면 언니 화미와 동생 화숙은 늘 배꼽을 잡고 깔깔거리며 웃었다. 한 방에 같이 살면서도 놀만한 것이 별로 없던 자매들에게는 화영의 학교 이야기를 듣는 것이 가장 재미있는 놀이였다.

화영은 대전고등학교 건너편에 있는 관사촌 집에서 대전고등학교 운동장을 가로질러 학교를 오갔다. 아침에 학교를 가는 길은 괜찮았지만 오후에 집으로 오는 길은 불안했다. 운동장의 남학생 오빠들 때문이었다. 화영이 방과 후에 집으로 돌아올 때면 운동장에는 늘 공을 차는 덩치가 커다란 학생들이 있었다. 운동장 양편으로 이리저리 몰려다니는 커다란 남학생들은 공을 따라 어디로 갈지 몰랐다. 축구공도 언제 화영이 지나가는 쪽으로 날아올지 몰랐다.

갑자기 날아드는 공이 너무 무서웠던 화영은 공이 오지 않을 만한 곳까지 운동장을 멀리 돌아서 다녔다. 하지만 그런 곳으로도 공은 심심찮게 날아왔다. 어쩌다 공이 날아오는 날이면 집에서는 그것도 재미있는 이야깃거리였다. 학교에 제대로 다니지도

↖ 화영·화미(1954년경)

못할 것 같던 화영은 4학년이 되면서 우등상을 받기 시작했다.

   1959년 3월, 화영은 대흥국민학교 졸업 뒤 호수돈여중으로 진학했다. 입학할 때에는 두 반으로 나뉜 120명의 동기들 가운데 성적이 가장 좋았다. 사립중학교였던 호수돈여중은 당시 적시 않은 학비를 내야 했지만 화영은 입학 성적 덕분에 3년 동안 학비를 내지 않고 학교를 다닐 수 있었다.

   호수돈여중은 1899년 개성에서 미국인 선교사가 주일학교로 처음 교육을 시작한 뒤, 1910년 호수돈여숙으로 정식 교육을 시작했다. 휴전 직전인 1953년 2월, 대전에서 다시 개교한 뒤

1954년부터 호수돈여중고로 교명을 바꿨다. 선교사들의 지원을 받은 호수돈여중은 당시 대전에서 최고의 시설을 갖추고 있었다. 새로 지은 학교 강당에서는 당시 대전 시내의 많은 음악회와 공연들이 계속 열렸다. 호수돈여고와 여중을 함께 가르치던 선생님들은 방과 후에도 남아서 영어와 미술, 피아노 등 여러 과목들을 더 가르쳐주셨다. 수업료를 따로 내고 듣는 방과 후 수업들이었지만, 돈을 내지 않는 친구들이 함께 듣기도 했다. 전쟁이 끝난 뒤 온 나라에는 어린 학생들을 잘 가르쳐야 한다는 의욕이 넘쳐났다. 하나라도 더 가르쳐주고 싶은 선생님들의 마음과 태도는 어린 학생들에게 큰 도움이 되었다.

중학교를 졸업할 무렵, 화영은 진로를 고민했다. 일반 고등학교로 진학해서 계속 공부를 할 수도 있었지만, 집안 형편상 대학 진학을 기대하는 것은 어려웠다. 고민을 하던 중 떠오른 것은 간호고등학교였다.

대전의 간호고등학교는 당시 여학생들에게 선망의 대상이었다. 모든 학생들은 기숙사 생활을 하며 공부할 수 있었다. 의사는 물론 간호사 인력이 크게 부족한 시절이어서 취업도 걱정할 필요가 없었다. 그 대신 입시 경쟁은 아주 치열했다. 화영이 입학하던 1962년, 30명을 모집하는 간호고등학교 입시에는 무려 420명이 응시했다. 화영은 중학교를 졸업하기 전에 간호고등학교 입학시험을 무사히 통과했다. 중학교 졸업과 함께 평생 일하게 될 직업을 결정하게 된 것이다. 함께 입학한 친구들 가운데에는 가까운 논산이나 옥천은 물론, 대구와 전주에서 온 친구들도 있었다. 모두 학교에서 1, 2등을 다투던 뛰어난 친구들이었다.

간호고등학교는 당시 충남도립병원과 함께 있었다. 병원과 학교가 함께 있으면서 학생들은 이론과 실무를 동시에 배우는 최고의 조건에서 공부할 수 있었다. 학생들은 내과와 외과는 물론 치과와 안과, 정신과까지 돌며 수업을 들었다. 덕분에 간호고등학교 학생들은 거의 모든 병동의 기초 지식을 빠르게 배워나갔다. 게다가 수업을 맡은 각 과 과장들은 대부분 서울의 세브란스병원 등 큰 병원에서 근무한 경력이 있는 의사들이었다. 고등학교 과정이지만 국내 최고의 교수진들에게 수업을 들은 셈이었다. 선생님들 역시 학생들에게 자주 칭찬을 해주었다.

"여기서 여러분에게 1시간 수업하는 게 다른 곳에서 10시간 수업하는 것보다 훨씬 더 많이 가르치는 것 같아요. 열심히 공부하세요."

도립병원에서 수업을 듣는 학생들은 입원 환자와 외래 환자들을 모두 대하며 각 과목을 배워나갔다. 3년의 고등학교 과정이었지만 이론과 실습 교육은 완벽하게 조화를 이뤘다. 당시에는 간호고등학교를 졸업할 무렵 면허 시험을 치러야 했다. 간호사 면허증을 받기 위한 시험이었다. 시험 과목에는 간호 이론과 실기는 물론 영어와 독일어, 국어, 수학, 역사, 일반 상식까지 포함돼 있었다. 대부분의 동기들은 고등학교 과정을 마치면서 무사히 시험을 통과했고, 정식 간호사가 되었다.

화영은 졸업과 함께 간호사 자격증을 딴 뒤에도 도립병원에 남았다. 병원에 남은 것은 도립병원의 조산실에서 일하며 조산원 자격증을 따기 위해서였다. 당시에는 조산실에서 일하며 출산을 100건 이상 도우면 조산원 자격증을 받을 수 있었다. 조산실 근무를 시작하면서 집에서 쉬는 날은 거의 없었다. 아이들이 언제 태어날지 알 수 없었기 때문이었다. 덕분에 화영은 병원에서 밤낮없이 지내는 날이 많았다.

당시 충남도립병원에는 조산아와 미숙아를 위한 인큐베이터가 처음 도입됐다. 간호사들은 인큐베이터에 갓난아이를 넣고 돌보는 것도 배워야 했다. 덕분에 화영은 조산원 자격증과 함께 국내에서는 얻기 어려운 소중한 경험을 쌓을 수 있었다. 또 당시 충남도립병원은 유럽 국가들의 지원으로 현대식 건물을 지었고, 유럽식 병원 운영관리 시스템이 도입돼 있었다. 이런 경험 역시 후일 화영에게 큰 도움이 되었다.

조산실은 언제 바빠질지 알 수 없었지만 조용히 하룻밤이 지나가는 날들도 있었다. 그런 밤이면 어김없이 아이를 맡긴 산모들이 찾아왔다. 간호사들이 쉬고 있는 것을 아는 산모들이 잠시 아이들을 보러 찾아오는 것이다.

"간호사님, 피곤하시죠, 이것 좀 드세요."
"아, 어머님 감사합니다. 안 주무셨네요."
"네. 가족들이 음식을 많이 가져왔는데 좀 드셔보세요."

그냥 찾아오기가 미안했던 산모들은 아이들을 잠깐 보러오면서 야근 중인 간호사들을 위해 먹을 것을 들고 왔고, 이런저런 말을 걸었다. 조산실이 조용한 밤이면 그렇게 산모들과 이야기를 하면서 시간을 보내는 날도 있었다. 화영은 당직을 서면서 산모들과 이야기하고 아이들을 잠시 만나도록 도와주는 것도 보람 있게 생각했다. 한밤중에 출산을 직접 도울 때가 아니더라도 무료할 틈이 없는 날들이었다. 화영은 평생 간호사 생활을 하고 세월이 많이 흐른 뒤에도 처음 일을 시작 했던 조산실의 소중한 기억은 잊을 수가 없었다.

조산원 자격증까지 따고 난 뒤, 다시 한 번 진로를 고민하던 화영에게 생각하지 못했던 선택의 길이 열렸다. 바로 해외 취업이었다. 취업 대상지로는 독일과 미국, 캐나다가 있었다. 당시 우리나라 간호사들이 독일로 간 사실이 주로 알려져 있지만, 이 시기에 미국과 캐나다로 떠난 어린 간호사들도 있었다.

화영은 독일에 가기로 결심했다. 당시 독일을 선택한 것은 호수돈여중의 도서관에서 읽은 많은 책들의 영향이 컸다. 화영은 주로 유럽이 무대였던 세계 명작들을 읽으며 유럽에 가고 싶다는 마음을 키우고 있었다. 우뚝 솟은 고성과 무도회, 클래식 음악, 또 오페라에 대한 로망은 화영의 독일행을 부추겼다. 1966년 10월, 화영은 독일로 가는 비행기에 올랐다. 이미 그해 봄부터 국내에서는 간호사들이 독일로 떠나기 시작한 터였다.

독일에 도착한 뒤 가장 시급한 것은 독일어 공부였다. 간호사들은 어학 교육기관인 괴테 인스티튜트를 다니며 언어를 배웠다. 화영은 한국에 있을 때 기독교 모임인 한국대학생선교회

↖ (왼쪽부터) 동생 화숙, 어머니 정선, 화영, 조카들

(CCC)를 찾아다니며 영어를 배웠고, 고등학교에서는 제2외국어로 독일어를 배웠다. 하지만 현장에서 일을 하면서 쓸 수 있는 외국어를 제대로 배우긴 처음이었다. 다행히 석 달 정도 열심히 수업을 들으며 독일어 대화가 조금씩 익숙해졌다.

화영이 처음 발령받은 곳은 베를린이었다. 화영은 독일 베를린에 취업한 첫 한국인 파독 간호사였다. 베를린에 함께 도착한 한국인 간호사들은 약 100명 정도였다. 화영은 병원 원장과는 영어로 대화가 가능해 함께 간 간호사들의 대표 역할도 맡았다. 베를린시 괴테 인스티튜트 과정을 마칠 때에는 한국인 간호사들을 대표해 독일 방송국과 인터뷰를 할 기회도 있었다.

동서로 갈린 베를린은 당시에 세계적으로 주목받는 분단 도시였다. 베를린에 한국 간호사들이 처음 도착하던 날, 당시 빌리 브란트 베를린 시장이 공항으로 환영을 나왔다. 빌리 브란트 시장은 후일 독일의 총리가 되면서 세계적으로 많이 알려졌다. 화영의 독일 취업은 첫 계약이 3년이었다. 베를린에서 정신없이 3년을 보낸 화영에게 병원 측은 계약을 연장해 일을 더 할 것을 권유했다. 화영은 독일에서 간호사 생활을 더 이어가기로 결정했다. 그 뒤 화영의 독일 간호사 생활은 2008년까지 40년 넘게 이어졌다.

화영과 함께 대전 간호고등학교를 다닌 친구들의 절반은 해외에 취업했다. 독일에서 계약기간이 끝난 뒤에는 다른 나라에도 취업할 수 있었다. 이미 독일이라는 선진국 병원에서 근무한 경력 탓에 미국이나 캐나다에서도 일자리를 충분히 얻을 수 있었다. 독일에서 처음 취업했던 친구들 가운데에는 후일 미국이나 캐나다로 이주해서 자리 잡은 동기들도 여럿 있었다. 화영은 대전간호고등학교에서 훌륭한 교육을 받았던 것을 평생 감사하게 생각했다.

화미 동생 화영은 독일로 떠나며 부모님에게 3년만 일하고 돌아오겠다고 약속했었다. 아버지 두훈은 3년 뒤 돌아오겠다는 말을 듣고 화영의 독일행을 허락했던 것이다. 하지만 화영은 독일인 남성과 결혼하며 독일에 정착했다. 간호사로 시작해 수간호사와 간호과장 교육을 거친 뒤에는 원장 자격 교육까지 받을 수 있는 조건이 되었다. 하지만 화영이 받으려던 40명 정원의 원장 자격 교육은 독일인들에게만 허용되는 폐쇄적인 코스였다. 화영은 부당함을 주장했고, 독일인과 결혼한 점도 감안되면서 결국 교육과정에 들어갈 수 있었다. 화영이 뒤늦게 합류하면서 해당 교육과정은 그해에만 학생 수가 41명으로 늘어났다.

원장 교육을 마친 뒤 뮌헨의 한 병원에서 원장으로 일하던 화영에게 슈투트가르트시의 한 요양병원 원장직 제의가 들어왔다. 슈투트가르트는 화영의 남편 고향이었다. 원장직을 제안한 병원은 시에서 재정 지원을 받고 있었지만 당시 독일 곳곳의 많

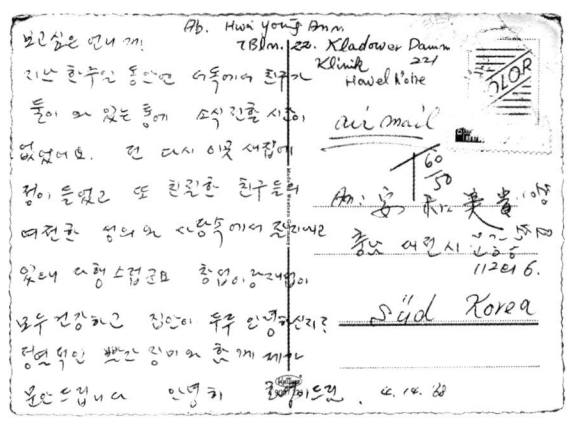

↖ 화영이 독일에서 보낸 엽서(1968년 4월)

은 병원들처럼 심각한 재정난을 겪고 있었다. 화영 부부를 알고 있는 슈투트가르트시에서 일하는 남편 친구들은 화영이 병원의 경영난을 극복해줄 적임이라고 생각했다. 화영은 고민 끝에 남편의 고향인 슈투트가르트로 향했다.

원장에 취임한 화영은 곧바로 병원 정상화에 나섰다. 직원들의 상여금 지급을 중단하고 자신은 커다란 원장 사무실 대신 책상 하나만 있는 작은 방으로 자리를 옮겼다. 모든 분야에서 긴축 운영을 시작한 뒤 불과 1년 만에 병원 경영은 나아지기 시작했다. 병원 경영상태가 개선되면서 화영은 가장 아래에 있는 하위 직원부터 상여금을 다시 지급하기 시작했다. 모든 직원들이 상여금을 받게 된 뒤에야 화영은 본인의 상여금을 받았다. 그 뒤 화영이 원장으로 재직하는 동안 요양병원은 증축까지 하면서 정상적인 경영상태를 되찾았다.

자그마한 동양인 여성의 활발한 활동을 시기하고 비난하려는 이들은 병원 안팎에 항상 있었다. 하지만 화영은 간호사로 시작해 병원 원장까지 맡는 동안 철저하게 공과 사를 구분했다. 40여 년 동안 병원에서 일을 하면서 작은 알약 하나도 개인적으로 손대지 않았고, 스스로 엄격하고 철저하게 관리했다. 이런 태도가 독일에서 일하는 한국인 간호사가 무시당하지 않고 인정받을 수 있는 비결이었다.

세 자매의 맏언니 화미는 동생들에게 미안함이 평생 남아 있었다. 화영은 어머니 등에 업혀 월남한 뒤 어머니와 떨어져 살아야 하는 날이 많았다. 화미는 어렵고 어수선한 시절을 보내면서도 열심히 공부해 독일에서 성공한 동생 화영이 자랑스러웠다. 막내인 화숙 역시 전쟁과 분단이 아니었다면 고향을 떠나지 않고 여유 있게 자랄 수 있었을 것이다. 하지만 화숙 역시 전쟁 통에 전국을 떠돌며 힘든 어린 시절을 보내야 했다. 화미는 맏언니로서 두 동생에게 무언가를 더 해주지 못한 것이 평생 미안했다.

화미와 화영은 1987년과 1999년, 두 차례 독일에서 만났다. 화영이 몇 년에 한 차례씩 한국을 방문하긴 했지만, 화미가 독일을 방문해 만나는 느낌은 더욱 특별했다. 슈투트가르트공항에서 만난 두 자매는 쏟아지는 눈물을 참을 수 없었다.

· History ·

파독 간호사

한국 간호 인력의 독일 파견은 1966년 1월 31일, 128명이 독일 프랑크푸르트 공항에 도착하면서 시작됐다. 보건복지부는 간호사 파독 40주년을 맞아 2006년 발표한 자료에서, 1966년부터 1976년 사이 모두 1만 226명의 인력이 독일로 파견됐다고 밝혔다. 독일 파견 간호 인력 규모에는 간호보조사도 포함됐다. 한국인 광부들이 독일 광산에서 일하기 시작한 것은 1963년 12월이었다.

1960년대 독일(서독)은 경제가 호황기를 맞으며 간호사와 광부 모두 인력이 크게 부족했지만 보수 성향의 독일 정부는 외국인들의 취업에 부정적인 입장이었다. 하지만 당시 유일하게 진보 성향의 사회민주당이 집권해 있던 독일의 중심 헤센 주가 처음 취업을 허가하면서 간호사 파견이 시작됐다. 독일로 떠난 간호 인력들은 대부분 중등학교 교육과정을 마쳤으며, 대학교육을 받은 인력들도 많았다. 당시 한국사회에서는 상당한 고학력 여성 인력이었다.

진실화해위 보고서는 광부와 간호사를 포함한 파독 인력들이 1964년부터 1975년 사이 국내로 송금한 금액이 약 1억 7천만 달러라고 기록했다. 당시 총 수출액 대비 파독 인력의 송금액 비중은 1966년 1.9%, 1967년 1.8%였다.

독일에서 계약 기간이 끝난 간호사들은 독일의 다른 병원에서 계속 일하거나, 미국·캐나다 등 제3국으로 이주, 귀국 등 세 가지의 길 중 하나를 선택했다. 파독 50주년을 맞은 2016년, 재독한인간호협회는 독일에 남은 한인 간호사들이 대략 2천 800여 명 정도라고 추산했다.

대전 중앙시장에서 만난 홍주와 화미는 시장 어르신들과 친지들의
축복 속에 1964년 3월 결혼했다. 결혼 뒤 시장에서 열심히 일하지만 대화재 등으로
큰 피해를 입었고, 그 뒤 장사에 대한 어려움을 느낀 홍주는 장인어른
두훈과 양돈업을 시작했다. 하지만 양돈을 하며 정착한 곳이 대청댐 건설로
수몰되면서 홍주와 화미는 다시 이주해 대전 평촌에 정착했다.
홍주가 땀 흘리며 양돈업과 농사에 열중하는 사이, 화미는 음악과 합창을 사랑하는
동료들과 함께 만든 솔모음합창단이 대전시립합창단으로 자리 잡는 데 기여했다.
또 평촌에서 전원유치원을 개설해 교육의 기회가 없는 시골 아이들을 가르쳤다.
후일 여러 어려움으로 양돈과 유치원 운영은 그만두었지만,
나란히 팔십대가 된 홍주와 화미는 평온함 속에 감사하며 노년을 보낸다.

3대가 모인 사진
(1966년 9월)

제3막

만남과 행복

소년과
소녀

> 결혼을 한 홍주와 화미는 시장에서 포목장사를
> 시작한다. 누구보다 열심히 일 했으나 가게를 몽땅
> 태운 대화재로 부부는 큰 어려움을 겪는다. 장사가
> 성격에 맞지 않는다는 생각도 갖는다. 시장을
> 떠난 홍주는 장인어른과 함께 시골에서 양돈업을
> 시작하지만 대청댐 건설로 일터는 다시 사라진다.
> 홍주는 화미와 함께 마지막 정착지를 찾는다.

1962년 대전 중앙시장에서 홍주와 화미는 처음 만났다. 시장 안에는 홍주와 화미의 중매를 서겠다는 분들이 많았다. 홍주는 부모님과 헤어져 월남한 뒤 혼자 살았고, 화미는 시장에 나와 일을 하며 가족을 돕고 있었다. 두 사람 모두 시장 어르신들에게 성실함을 인정받았고 독실한 기독교 신자였다.

1963년 11월 19일, 홍주와 화미는 조촐한 약혼식을 가졌다. 동방상회를 드나들던 홍주가 화미와 가까워지면서 두 사람은 빠

↖ 홍주·화미 약혼(1963년 11월)   ↖ 홍주·화미 결혼(1964년 3월)

르게 결혼을 약속했다. 홍주는 27살, 화미는 22살이었다. 화미는 좋은 사람을 만나면 빨리 결혼하겠다는 생각을 내심 하고 있었다. 가장 먼저 청혼하는 이와 결혼할 것이라는 생각도 가지고 있었다. 그런 중 만난 믿음직스러운 홍주와 어렵지 않게 장래를 약속하게 되었다. 세 딸 가운데 장녀인 화미는 부모님과 헤어져 혼자 살고 있는 홍주가 아들 노릇을 해줄 것이라는 기대감도 마음 한편에 가지고 있었디. 홍주가 장인과 장모를 자신의 부모님처럼 생각하고 모시면서 서로 의지할 것이라는 생각이었다.

1964년 3월 17일, 홍주와 화미의 결혼식이 대전예식원에서 열렸다. 대전예식원은 큰 예식홀을 새로 만들면서 의자 시트 등

↖ 홍주·화미 결혼식이 열린 대전예식원

을 모두 바꾸고 새 단장한 직후였다. 홍주를 잘 알고 계시던 대전예식원 우준섭 사장님은 새로 단장한 예식 홀을 홍주 부부가 제일 먼저 사용하게 해주었다. 결혼할 당시 홍주는 남대전성결교회에, 화미는 서대전성결교회에 다니고 있었다. 주례는 서대전성결교회 김선제 목사님이 맡아주셨다.

결혼식 뒤 피로연은 중앙시장에 있던 옹진옥에서 열렸다. 불고기와 냉면을 주로 팔던 옹진옥은 시장 상인들이 주 고객이었다. 옹진옥은 당시 학생들부터 어른들까지 모두 좋아했던 식당 풍미당과 나란히 자리 잡고 있었다. 풍미당은 화미도 중학생 시절부터 드나들었고, 바로 옆의 옹진옥도 잘 아는 곳이었다. 결혼식 뒤 피로연에 오신 이들도 주로 두 사람을 모두 잘 아는 시장 어르신들이었다. 서로 가진 것이 많지 않았던 두 사람은 결혼식 비용도 반반씩 부담했다.

결혼 뒤에도 동방상회에서 일하던 화미는 1년쯤 지난 뒤 큰아들이 태어나면서 일을 그만두었다. 혼자 일을 하며 1년여를 더 보낸 홍주는 중앙시장에 자신의 점포를 마련했다. 첫째를 낳은 화미와 함께 일을 할 생각이었다. 가게 이름은 홍주의 '홍(洪)'자를 넣은 홍익상회였다.

홍익상회에서는 '우라지'라고 부르는 안감을 전문적으로 취급했다. '우라지'는 학생복이나 신사복 등 모든 옷에 들어가는 소재여서 수요가 많은 품목이었다. 안감이다 보니 유행도 크게 타지 않았고, 자본도 덜 들었다. 게다가 홍주가 오랫동안 취급해 잘 아는 원단이었다. 홍익상회는 신사복보다는 학생복의 안감을 주로 취급하면서 거래를 늘려나갔다. 홍주는 면직 밀가루 포대를 모아 가을에 학생들의 운동복 천을 만드는 일도 한동안 계속 했다. 부지런하게 일하는 것만이 가진 것 없는 두 사람이 살 길이었다. 그러나 홍익상회의 앞길은 기대만큼 순탄하진 않았다.

부부는 결혼 뒤 얼마 지나지 않아 대전 문창동에 전셋집을 구했다. 집주인 할머니는 홍주 부부가 들어온 뒤 우물에 물이 다시 찼다며 크게 기뻐하셨다.

"두 사람이 복이 있구먼. 이 우물이 오랫동안 말라붙어 있었는데, 새 가족이 들어오고 물이 다시 찼네. 복덩어리여, 복덩어리."

1968년 1월 21일, 둘째 아들이 태어났다. 이날은 북에서 내려온 124군 부대의 청와대 습격사건으로 온 나라가 하루 종일 뒤숭숭했다. 청와대 인근 서울 도심에서 총격전이 벌어졌고, 남파된 124군 부대원 서른한 명 가운데 김신조가 유일하게 생포됐다. 국민들은 크게 놀란 날이었지만 둘째 아들이 건강하게 태어나면서 홍주와 화미는 기쁜 마음뿐이었다.

이 무렵, 홍주와 화미는 화미의 부모님과 한집에서 살았다. 그러나 화미 아버지가 시골로 들어가길 원하시면서 삼대가 함께 사는 시절도 오래가지 못했다. 화미의 부모님은 대덕군 동면 신하리에 집을 지어 이사했다.

1969년 4월 20일, 두 아들을 키우며 열심히 살던 홍주와 화미에게 최악의 상황이 찾아왔다. 가게가 있는 중앙시장에 큰 불이 난 것이다. 가게와 창고에는 불과 사흘 전에 외상으로 사들인 많은 물건들이 가득 쌓여 있었다. 일요일이었던 터라 상인들은 대부분 집에서 쉬고 있었다. 앞집에 살던 이웃들이 시장에 불이 났다고 소리 지르는 것을 듣고 홍주와 화미는 시장 쪽으로 뛰쳐나

大田中央市場에 大火

"20일 하오 5시 20분쯤 대전시원동42번지 중앙시장 2층6백88호 박○○ 씨소유 스폰지 창고에서 불이 일어나 3시간 동안에 5백88평2층건물점포 3백54동이 전소되어 약 2억여원(추산)의손해를 입혔다.
화재 현장에는 대전소방서에서 급거 출동한 소방차와 공주 유성 옥천 조치원 공군기교단 마장동부대 3관구소방차 등 14대에 소방 소방관1백20명이 동원되어 필사적인진화작업으로 중앙시장 B동등 인근상가에 불이 번지는 것을 막았다." (「대전일보」 1969년 4월 22일)

갔다. 오후 5시가 넘은 시간이었다.

시장 위로 크게 치솟은 불길 탓에 원동국민학교 앞 다리를 건너자 화재 열기로 두 사람은 얼굴이 화끈거렸다. 불길이 너무 거

세 상인들은 시장 근처에 다가가기도 어려웠다. 불은 시장 안 어느 창고에서 처음 발생했다. 작은 불씨였지만 시장 점포마다 쌓여 있던 많은 양의 화학섬유 원단들은 기름종이처럼 타들어갔다. 이 불로 중앙시장 A동 350여 개 점포들은 모두 타버렸고, 홍익상회 역시 흔적도 없이 사라져버렸다.

중앙시장 대화재로 모든 것이 타버리자 홍주 부부에게는 다시 빚만 남았다. 그렇다고 그대로 주저앉을 수는 없었다. 홍주와 화미는 불에 타버린 시장과 점포들을 새로 짓는 사이 원동국민학교와 불에 탄 중앙시장 사이 도로를 막고 임시로 가설된 시장에서 장사를 해야 했다. 원동국민학교 담장을 따라 학교 옆 다리까지도 가설 점포는 이어져 있었다. 하루아침에 점포를 잃은 상인들은 가설 시장에서 장사를 이어갔다. 큰 불이 나자 적십자사에서는 원동국민학교 운동장에 천막을 치고 한동안 식사를 차려줬지만 그곳에 가서 식사를 하는 상인들은 거의 없었다.

가설시장에서 임시로 장사를 하게 된 상인들은 서로 좋은 자리를 원했다. 자리에 따라 매상이 크게 달라지기 때문이었다. 원만한 자리 배정을 위해 결국 추첨을 하게 됐다. 홍주는 추첨을 하기 전 가장 괜찮은 자리를 찍어놓고 그곳에서 장사를 하고 싶다는 간절한 기도를 했다. 추첨 결과는 놀랍게도 홍주가 원했던 바로 그 자리였다.

엉뚱하게도 가설 시장의 장사는 시장 안보다 더 잘됐다. 원래 장사를 하던 시장 안의 자리보다 훨씬 좋은 자리였기 때문이었다. 다른 상인들 역시 전국에 단골들이 많았던 탓에 나쁘지 않게 장사를 이어갔다.

불에 탄 중앙시장은 빠르게 다시 지어졌다. 당시 화재가 아니었다면 대전 중앙시장의 재건축은 그 뒤로도 오랫동안 어려웠을 것이다. 시공을 맡은 영진건설은 불과 6개월여 만에 중앙시장을 다시 지었다. 대화재로 깨끗하게 타버린 탓에 공사는 오히려 빠르게 진행됐다. 홍주와 화미는 새로 지은 시장에 들어가는 것이 반가웠지만, 한편으로는 아쉬운 마음도 들었다. 그만큼 가설 시장의 장사가 잘됐기 때문이었다.

새로 지어진 중앙시장은 내부 통로들을 반듯하게 만들고 점포들도 규격화했다. 시장 전체도 전쟁 뒤 엉성한 모습은 사라지고 깔끔하게 바뀌었다. 홍주와 화미는 가게 이름을 '모란상회'로 바꾸고 장사를 다시 시작했다. 새로 지어진 중앙시장은 장사가 잘됐다. 시장의 나이 많은 어르신들은 '불이 난 곳은 장사가 잘된다'는 옛 이야기가 틀리지 않다며 좋아했다.

불이 난 뒤, 홍주와 네 식구는 인동의 한 가정주택으로 세를 얻어 이사했다. 중앙시장은 도로만 건너면 금방 갈 수 있는 곳이었고, 인동시장에서도 멀지 않은 곳이었다. 주인집에는 탁기중, 이승혜 노부부가 살고 계셨다. 집 마당에는 감나무와 석류나무가 있었고, 나무들이 잘 자란 작은 언덕 위에 정원과 작은 연못도 있는 일본 양식의 주택이었다. 마당에는 손으로 펌프질해 물을 끌어 올리는 수도도 있었다. '디귿자(ㄷ)'로 된 주인집 안채 쪽에는 작은 정원이 하나 더 있었다. 홍주와 가족은 마당에 있는 야외 화장실을 사용하는 것이 불편했지만, 방 두 개만으로도 네 식구가 살기에 충분했다. 부엌이 딸린 방 하나에서 가족이 살고, 다른 방 하나에는 원단 등 포목들을 쌓아놓았다.

담 너머 옆집은 예산상회라는 고물상이었다. 고물상이라고 하지만 커다란 철판들을 자르거나 다듬는 소리와 인부들이 무거운 것을 옮기는 소리가 크게 들렸다. 골목길에서는 붉은 벽돌 담을 골대 삼아 공을 차는 아이들의 소리도 잘 들렸다. 또 골목 끝에는 검정색 얇은 나무판들을 덧대 바깥을 마감한 일본식 주택과 생강가게가 있었다. 생강가게는 항상 가마니를 깔아 놓고 붉은 색 황토가 잔뜩 붙은 생강을 말리고 있었다.

홍주와 화미는 평생의 직업으로 생각하던 포목장사를 그만둘 생각을 하기 시작했다. 두 사람 모두 세상에 나와 본격적으로 일한 곳이 시장이었다. 새벽 일찍 시장에 나가 코를 찌르는 화학제품 원단들의 냄새를 맡으며 일을 시작한 것도 10년이 넘었다. 하지만 두 사람 모두 어느 순간 장사가 어렵다고 느끼기 시작했다. 가장 어려웠던 것은 새로 나온 원단들을 고객들에게 소개하고 구매를 권하는 것이었다.

가게에 찾아오는 소매상들에게 얼마 전까지만 해도 좋은 원단이라고 팔다가도 새 제품이 나오면 이게 더 좋은 것이라고 설명해야 했다. 새로운 디자인의 원단들도 마찬가지였다. 늘 새로운 것을 조금씩 과장되게 설명하면서 구매를 권하는 일이 홍주와 화미는 힘들게 느껴졌다. 특히 홍주는 장사 일을 더 그만두고 싶었다. 화재로 인해 큰 피해를 입고 놀랐던 기억은 여전히 큰 상처로 남아 있었다. 결국 모란상회는 문을 닫았고, 홍주와 화미의 포목장사는 그렇게 막을 내렸다.

1975년, 홍주는 인동에서 동면 신하리로 출퇴근하기 시작했다. 장인어른이 먼저 이사하면서 시작한 양돈을 함께 하기로 한 것이다. 신하리의 집은 당시 대덕군 동면 면사무소 옆에 있었다. 인동의 집에서는 17번 버스를 타고 신하리까지 쉽게 갈 수 있었다. 신하리에서 더 들어가면 어부동과 내탑으로 이어졌다. 홍주는 아침 일찍 버스를 타고 신하리로 들어가 일을 한 뒤 저녁 늦게 집으로 돌아왔다. 양돈은 1970년대에 정부의 장려로 국내 농가에서 한창 유행하기 시작했었다. 할 일을 찾던 화미의 아버지도 시골로 들어가 양돈업을 하고 있었다.

신하리의 70년대는 불편한 세상이었다. 집에는 전화가 없었고, 편지와 전보가 유일한 연락 수단이었다. TV는 저녁 여섯 시가 되어야 하루 방송을 시작했다. 아버지를 따라 낮에는 시골집

↖ 가족사진(맨 뒷줄 왼쪽부터 아버지 홍주, 어머니 화미, 창섭,
외할아버지 두훈, 외할머니 정선, 재섭. 1974년)

에 자주 와 있던 둘째 아들은 글자도 몰랐지만 집에 있던 「새농민」 잡지를 뒤적거렸다.

　가장 인기 있는 것은 라디오였다. 어느 사이 머리가 하얗게 센 화미의 아버지 두훈은 늘 라디오를 들으며 살았다. 커다란 건전지가 라디오 뒤에 테이프에 감겨 붙어 있는 투박한 모양이었다. 라디오에서는 지직거리는 소음과 함께 옛 가요들이 흘러 나왔다. 라디오 방송은 자정 무렵 다음 날 일기예보와 함께 바다의 어장별 날씨 상황까지 나오면 끝났다. 두훈은 매일 밤, 12시가 되도록 라디오를 들으면서 잠을 청했다. 라디오에서 저녁 9시쯤

방송되던 '전설 따라 삼천리'는 온 가족이 함께 듣는 가장 인기 있는 프로그램이었다.

통신이 불편해 벌어지는 우스운 일들도 있었다. 하루는 화미 아버지 두훈의 생신을 축하하는 전보가 집으로 날아왔다. 전보에는 '생신 축하드립니다. 해상주 올림' 이라고만 쓰여 있었다. 전보를 받은 집안의 가족들은 궁금증이 폭발했다. '해' 씨 성을 가진 '상주'라는 이름의 지인은 아무도 없었기 때문이었다. 고민은 다음 날까지 이어졌지만 여전히 알 수 없었다. 그러던 중 누군가 답을 내놓았다. 전보를 보낸 이는 두훈의 막내딸 화숙 부부였다.

"아, 이거 서울 화숙이가 보낸거네."
"화숙이가? 그런데 해상주가 뭐야?"
"혜연이, 상연이, 주연이 세 명 이름을 쓴 거 같은데."

전보는 결혼한 뒤 서울에서 살던 화숙이 아버지의 생신을 축히히기 위해 전보를 보낸 것이었다. 화숙 부부는 세 딸인 혜연, 상연, 주연의 앞 글자들을 딴 이름으로 전보를 보냈다. 하지만 전화로 전보 내용을 받은 동네 우체국에서는 큰딸 혜연의 앞 글자 '혜'를 '해'로 받아 적었다. 결국 '혜상주'로 왔으면 더 빨리 이해했을 전보의 보낸 이가 '해상주'로 바뀌면서 아무도 이해할 수 없는 정체 불명의 전보로 도달한 것이다. 하루 넘은 고민 끝에 이를 안 신하리의 가족은 모두 한바탕 웃었다. 글자 수에 따라 돈을 내는 전보가 중요한 통신 수단이던 시절의 에피소드였다.

화미의 어머니 정선은 20대 젊은 나이에 어린 딸 둘을 데리고 전쟁 전 자유를 찾아 남쪽으로 내려왔다. 목숨을 건 위험한 여정이었지만 잘 준비한 덕분에 무사히 내려올 수 있었다. 전쟁 중에는 피란을 다니며 온몸으로 전쟁을 겪었다. 전쟁 이후에도 군인이었던 남편을 따라다니며 늘 조마조마한 삶을 살던 정선은 대전을 떠나 신하리로 이사하면서 비로소 평안함을 찾았다.

하지만 정선이 겪어야 했던 평생의 긴장감은 이미 병으로 이어져 있었다. 암 진단을 받고 힘겨운 투병 생활을 하던 화미 어머니 정선은 결국 1979년 1월, 세상을 떠났다.

추운 겨울에 상을 치르는 동안 신하리 집 마당에는 커다란 연탄불 더미가 쌓였다. 불붙은 연탄 더미는 꺼지는 연탄재 위에 새 연탄을 쌓아 올리면서 계속 커졌다. 조문객들을 위한 더운 음식들은 연탄불 위에서 계속 끓고 있었다. 연탄 더미 앞은 추운 날씨에 몸을 녹이는 이들이 차지했다. 철원 등에서 찾아온 정선의 자매와 친지들은 일제강점기와 해방, 그리고 전쟁을 겪은 힘든 삶을 떠올리며 모두 안타까워했다.

상가에 삼삼오오 모인 신하리 주민들은 모두 어디로 떠날지

↖ 두훈과 정선(1973년)

고민을 하고 있었다. 마을 전체가 강제로 이주해야 할 처지였기 때문이었다.

지금은 지도에서 대부분 사라진 충남 대덕군 동면 신하리는 대청댐이 들어설 예정지에 포함돼 있었다. 인근 지역은 모두 수몰지구에 포함돼 있었고, 주민들은 고향을 떠나는 수몰민 처지였다. 홍주는 신하리를 떠나 다시 자리 잡을 곳을 찾기 시작했다. 홍주가 찾는 곳은 대전 근교에서 양돈을 계속 할 수 있는 부지였다. 어느 날 홍주는 누군가의 권유로 대덕군 기성면 평촌리를 찾았다. 평촌리는 호남선 기차역이 있는 흑석리에서 논산 방향으로 조금 더 들어가면 나오는 마을이었다.

홍주는 처음 본 평촌리가 마음에 들었다. 평촌 부지는 언덕 위에서 조용히 홍주를 기다리는 것 같았다. 하지만 함께 이사를 하려던 장인 두훈은 그곳이 마음에 들지 않았다. 부지 모양이 사각형의 반듯한 터가 아니었기 때문이었다. 결국 두훈은 홍주 부부와 함께 이주하는 대신 대청댐 인근에 다른 터전을 구했다.

홍주가 새로 자리 잡게 된 동네의 향토명은 진벌이었다. 홍주 가족은 이사하는 날, 향토명이 진벌이 된 이유를 실감할 수 있었다. 이삿짐을 나르는 사이, 비가 내리자 황토가 많은 동네 길은 온통 진흙뻘로 변했다. 신발이 빠져 걸어 다니기가 어려울 정도였다. 부지의 전 주인은 홍주에게 진벌에서는 부인 없이는 살아도 장화 없이는 살기 어려울 거라는 우스갯소리도 한 적 있었다.

평촌리의 땅을 처음 소개해주셨던 분은 중앙시장에서 가깝게 지내던 박천재 사장이었다. 박 사장은 자신의 형님이 평촌에서 살고 있었기에 이 주변을 잘 알고 있었다. 박 사장의 형님은 일찍 시골로 들어와 한학과 주역을 많이 공부하신 분이었다.

"평촌은 터가 아주 좋은 곳입니다. 난세에 피란지 같은 곳이

지요."

홍주는 박 사장 형님이 두 사람에게 해준 이야기가 마음에 남았다. 영변 고향을 떠나 전쟁을 겪으며 피란생활처럼 돌아다니던 것을, 이곳에서는 마무리 지을 수 있겠다는 생각이 들었기 때문이었다. 실제로 홍주와 화미에게 평촌은 어린 시절 평안도와 황해도에서 시작한 긴 여정을 마무리하는 마지막 정착지였다.

· History ·

1·21 청와대 습격 사건

1968년 1월 21일, 북한 민족보위성 정찰국 소속 124군 부대의 무장 게릴라 31명이 서울에 침투해 청와대 기습을 시도했다. 유격전 특수부대인 124군 부대는 1967년 4월 창설됐으며, 대남적화공작을 위해 적극적인 유격전 활동을 벌이는 것이 목적이었다.

1월 18일 밤 휴전선 군사분계선을 돌파한 무장 게릴라들은 19일 밤 임진강을 건넌 뒤, 20일 밤 서울 시내 세검동 자하문 초소에 도착했다. 현장에서 경찰과 첫 접전을 벌인 뒤 도심에서 총격전을 벌이던 무장 게릴라들은 흩어져 도주를 시작했다. 이들 가운데 김신조가 유일하게 생포됐으며, 군경합동수색 작전을 통해 당일 밤 5명, 31일까지 28명이 사살됐다. 2명은 도주한 것으로 추정된다. 당시 사건으로 폐쇄됐던 청와대 뒤편 북악산 길은 52년 만인 2020년 다시 개방됐다. 2012년 국내의 한 언론은 당시 습격한 무장 게릴라가 31명이 아닌 33명이었다는 주장을 보도했다.

1968년은 '1·21사태'로 불리던 청와대 기습 미수사건 이후 최악의 남북한 관계가 이어진 한 해였다. 청와대 기습 게릴라들에 대한 추격이 아직 진행 중이던 1월 23일에는 미국의 정보함인 푸에블로호가 원산 앞바다에서 북한에 납치됐다. 10월 30일에는 124군 부대원 120명이 해상으로 침투한 울진·삼척 무장공비 사건이 발생했다.

청와대 기습 미수사건 이후 후방의 방어와 비정규전을 대비하기 위한 향토예비군이 1968년 4월 1일 창설됐다. 당시 박정희 대통령은 1968년 2월 1일 열린 경부고속도로 기공식에서 "한쪽으로는 공산주의자들과 투쟁하면서 다른 한쪽으로는 건설을 하는, 싸우면서 건설해 나가는 국민이 되어야 한다"는 유명한 말을 남겼다.

· History ·

대전 중앙시장 화재

1969년 4월 20일 일요일 오후 5시 20분쯤, 대전 중앙시장에 화재가 발생했다. 당시 「대전일보」 보도에 따르면, 처음 불이 난 곳은 시장 2층 688호 박○○ 씨 소유 스폰지 창고였으며 3시간 동안 588평, 점포 354개 동을 태웠다.

불이 나자 대전은 물론 인근 유성과 옥천, 조치원, 공주에서도 소방차가 출동하는 등 모두 14대가 화재 진화에 투입됐다. 하지만 소화에 쓸 물을 공급하지 못해 화재 진화가 늦어졌으며, 소방서는 아예 A동을 포기하고 B동으로 불이 옮겨 붙는 것을 막는 데 주력했다. 불길이 계속 번지자 상인들은 자신들의 점포에서 물건을 하나라도 더 꺼내기 위해 위험을 무릅쓰고 시장을 드나들었으며 화재로 인한 혼잡은 극심했다.

당시 화재로 점포를 잃은 상인들은 소방서의 진화작업이 너무 늦어진 것을 비난했다. 소방서 측은 5시 40분에 화재신고를 받고 5시 49분에 현장에 도착했다고 밝혔으나, 상인들은 소방서 차량의 물줄기가 처음 올라간 것은 6시 10분이었다고 주장했다.

「대전일보」는 화재 발생 1주일 뒤인 4월 27일 <화재가 준 교훈>이라는 기획기사를 통해 중앙시장 화재현장에서 소방차는 불을 끄는 것이 아니라 물을 운반하는 차량 역할만 했으며 장비 타령만 한다고 소방행정을 질책했다. 또 시장 안에 나일론과 화학섬유가 잔뜩 쌓여있는데도 물로만 진화를 시도하면서 오히려 화재를 키웠다며, 가스로 진화하는 화학소방차 1대만 있었으면 불길을 쉽게 잡았을 것이라고 보도했다.

「대전일보」
1969년 4월 22일

· History ·
대청댐과 신하리

저수 면적 72.8제곱킬로미터, 호수 길이 86킬로미터의 대청댐은 1975년 정부의 4대강 개발계획에 따라 1981년 준공된 거대한 인공호수다. 호수의 저수량만 약 15억 톤으로 국내에서는 세 번째 규모이다. 다목적 댐인 대청댐은 홍수를 막고 인근 지역 용수 공급, 전력 생산 등을 위해 건설됐다.

1980년 6월 말 담수가 시작된 대청댐 건설로 많은 세대가 고향을 잃고 이주했다. 당시 이주한 세대 규모는 충남과 충북에서 4천377가구, 모두 2만 7천290명이었다. 이 가운데 충남 대덕군 동면에서는 전체 면적의 21%가량이 물에 잠겼고, 천 136가구가 이주하면서 전체 면민의 63%가량이 고향을 떠났다. 당시 동면에서는 표고가 80미터 이상인 야산만 남았고, 면소재지였던 신하(新下)리 서부쪽이 수몰됐다. 신하리에 있던 면사무소와 농촌지도소, 보건지소, 우체국, 초등학교 등은 추동리로 옮겨졌다.

수몰되지 않고 남은 신하리는 1989년 대전시가 직할시로 승격되면서 대전 동구에 편입돼 세천(細川)동으로 통합되었다. 그 뒤 1998년에 추동과 세천동이 다시 통합되면서, 현재 행정동상 대청동, 법정동상 신하동으로 남아있다.

대청댐은 인공호수이지만 주변에 아름다운 자연의 모습을 그대로 간직하고 있다. 1983년에는 당시 전두환 대통령의 지시로 '남쪽의 청와대'라는 의미의 '청남대'가 건설됐다. 청남대는 2003년 관리권이 충청북도로 이양되면서 20년 만에야 민간에게 개방되었다. 그 뒤 청남대로 이어지는 가로수길과 대청댐 주변의 드라이브 코스, 또 호수와 나무가 어우러진 풍광이 많은 이들에게 사랑받고 있다.

시장에서 시골로

돼지를 키우며 농사를 짓는 홍주는 가족들과
시골생활을 이어간다. 양돈업을 먼저 시작한 홍주는
주변에 양돈기술도 가르치게 된다.
양돈업은 수매가격이 오르락내리락하며 돼지파동을
겪는 등 안정적이지 않다. 그래도 가족들을 시골로
데리고 들어온 홍주는 쉼 없이 일한다.
홍주는 화미에게 약속한 유치원 건물도 짓는다.

1978년, 홍주가 혼자 들어와 돼지를 키우기 시작하자 마을에서는 보이지 않는 냉소가 돌았다. 돼지를 키워 뭘 하겠냐는 뜻이었다. 당시 인근 마을에서는 돼지를 본격적으로 키우는 농가가 아직 없었다. 그런데다 농사는 지어본 적이 없다는 홍주가 밭을 일구기 시작하자 마을 주민들은 속으로 비웃었던 것이다. 실제로 홍주가 농사를 짓기 시작한 땅은 제법 단단한 황토였고 작물이 뿌리내리기 쉽지 않아 보였다.

하지만 주변의 시선에 관계없이 홍주는 비스듬한 황토밭을 불도저로 깎아내며 평지로 만들었다. 평탄작업을 한 뒤에는 해마다 돼지우리에서 나오는 거름을 이용해 퇴비를 만들어 밭에 뿌렸다.

불과 몇 년 사이 홍주의 밭은 눈에 띄게 달라졌다. 붉은 빛만 돌던 진벌의 황토밭에는 검은 빛이 돌기 시작했고, 작물들도 잘 자랐다. 무엇보다도 돼지를 키우며 나오는 거름이 좋은 양분이었다. 돼지분뇨를 비닐로 덮어 한 차례 삭히면서 독한 기운을 빼내고 1년 쯤 지나면, 버릴 곳 없는 축산 폐기물은 질 좋은 거름으로 바뀌었다. 몇 년 뒤부터 인근 농가들은 양돈을 하며 홍주가 만든 거름과 퇴비를 팔라고 오히려 부탁하기도 했다.

홍주가 양돈을 시작한 뒤 인근에서도 양돈 농가들이 하나 둘 늘어나기 시작했다. 농사를 짓는 것보다는 양돈의 수익이 더 나았기 때문이었다. 홍주는 농사도 함께 지었지만 큰 규모는 아니었다. 집에 딸린 밭은 가족과 친지들이 필요한 것들을 길러 먹는 수준이었다. 양돈 역시 혼자서 감당을 할 수 있을 정도인 100마리 이하 수준을 유지했다. 홍주 혼자서 그 정도 규모를 유지하는 것도 쉬운 일이 아니었다.

지하수를 찾은 것은 홍주 가족에게 큰 복이었다. 처음 이사 왔을 때, 마을에는 상수도가 아직 보급되지 않았다. 대신 마을 사람들은 마을회관 앞쪽에 있는 우물에서 물을 길어다 먹었다. 직접 판 우물에서 물을 길어 먹는 가구들도 간혹 있었다. 홍주는 피란생활과 혼자 살던 시절을 떠올리면서 물이 중요하다는 생각을 늘 가지고 있었다. 실제로 어디에서 무엇을 해도 풍부한 물은 꼭 필요하고 중요했다. 신하리에서 우물을 파 식수와 생활용수로 사용했던 홍주는 이주하면서 지하수가 있으면 좋겠다고 생각했다.

지하수를 쉽게 찾을 거라는 확신은 없었지만 막연히 잘될 것 같다는 생각이 있었다. 실제로 지하수는 쉽게 찾아졌다. 불과 30미터를 파고 들어간 지점에서 물이 맑고 수량이 많은 수맥을 찾은 것이다. 수질검사 결과는 아무런 불순물이 없는 1급수였다. 홍주는 생활용수와 농사, 양돈에 필요한 물을 지하수로 모두 해결할 수 있었다. 가까운 농가들은 홍주의 지하수 관정 가까운 곳에서 같은 수맥에 관정을 뚫어보려 했지만 쉽게 찾지 못했다. 당시 뚫은 지하수는 30년을 넘게 사용하면서 후일 식수로는 부적합해졌지만, 메마른 농지를 적셔주는 생명수 역할을 충분하게 해주었다.

재래식 축산업을 하며 가장 힘든 점은 무엇보다도 돼지들을 쉼 없이 먹이는 일이었다. 사람과 마찬가지로 돼지에게도 하루 세끼를 먹여야 했고, 명절도 쉬는 날도 없었다. 홍주는 1년 내내 매일 똑같은 일과를 반복하며 정성스럽게 돼지를 키웠다. 술과 담배를 평생 손대지 않았고, 마을의 이웃들과도 거의 어울리지 않았다. 외지에서 들어와 동네 주민들과 어울리지 않다 보니 곱지 않은 시선도 있었지만, 홍주의 일에 대해서는 아무도 흉을 보지 못했다. 시간이 흐르면서 나중에 양돈을 시작한 이들은 홍주를 찾아와 이것저것 물어보곤 했다. 혼자서 시행착오를 겪어가며 익힌 기술과 지식을 알려주다 보니 마을에서도 불만을 드러낼 일이 없었다.

하루는 대전 유성에 있는 복지원인 천양원에서 돼지들에게 주사를 놓아달라는 연락을 받았다. 천양원의 이연형 원장은 같은 교회에 다니던 부부들의 모임을 통해 잘 아는 사이였다. 천양원에서는 처음 양돈을 시작하면서 예방주사 접종을 위해 홍주에게 와달라는 부탁을 했다. 홍주는 버스를 갈아타고 천양원을 찾아가 주사를 놓아주면서 여러 가지를 가르쳐주고 돌아왔다. 양돈은 아주 전문적인 기술이 필요한 일은 아니었지만 처음 시작하면 무엇부터 해야 할지 막막한 일이었다. 끼니마다 돼지들에게 먹이를 주는 것뿐만 아니라 돼지들의 건강을 관리하는 것은 중요하고 조심스러운 작업이었다. 홍주는 자신이 먼저 시작한 일을 다른 이들이 배우려고 하면 늘 도와주었다. 지역 기성농협에서는 양돈업 전파에 크게 도움을 줬다며 어느 해인가 홍주에게 감사패를 주었다.

홍주는 돼지들에게 예방주사를 놓는 실력을 드물게는 집에서도 선보였다. 어린 아들들이 심한 감기나 몸살을 앓는 경우였다. 대개 동시에 감기에 걸리는 두 아들이 고열 등 감기 증상이 심해지면 주사기 세트를 소독했다. 홍주는 새끼 돼지들에게 예방접종을 하기 전에도 항상 주사기를 먼저 소독했다. 소독은 주사기와 바늘을 오래된 양은 도시락에 넣고 물을 부은 뒤 연탄불에 팔팔 끓이는 것이었다.

소독이 끝나면 우윳빛의 반투명 주사약을 어디선가 가져왔다. 그 약은 페니실린계 항생제 가운데 하나인 '호스타실린' 주사제였다. 가축에게 사용하던 '호스타실린'은 이런 식으로 가끔 두 아들에게도 쓰였다. 홍주가 아주 드물게 내린 특단의 처방은 효과가 아주 좋았고 다행히 별다른 탈은 없었다. 호스타실린은 항생제 내성이 계속 강해지면서 2000년 사용이 중단됐다. 막내 아들은 당시 처방의 근거가 무엇이었는지 오랫동안 궁금했지만 한 번도 묻진 않았다.

수컷 씨돼지 한 마리와 모돈인 어미 돼지 일곱 마리까지 총 여덟 마리로 시작한 홍주의 돼지 가족은 금방 늘어났다. 한 번에 예닐곱 마리에서 많게는 열두 마리 정도까지 새끼를 낳는 탓에 돼지막사의 식구들은 금방 몇 십 마리로 불어났다. 양돈업은 기본적으로 새끼를 많이 낳아 잘 키워서 파는 일이었다. 이 때문에 홍주는 어미 돼지가 새끼를 낳을 때면 더 많이 신경 쓰고 더 부지런히 돼지막사를 드나들었다.

어미 돼지가 새끼를 낳을 때면 홍주는 태어난 새끼를 닦아줄 깨끗한 천을 많이 준비하고, 어미돼지 옆에는 새끼 돼지들을 넣어 줄 나무 박스를 가져다 놓았다. 박스 안에는 바닥에 지푸라기를 넉넉히 깔고 60와트짜리 백열등을 켜 갓 태어난 새끼들이 춥지 않게 만들어주었다. 탯줄을 끊고 묶어줄 깨끗한 실과 가위, 소독약도 필요했다. 홍주는 새끼를 낳을 때가 되면 수시로 막사에 들어가 모돈의 상태를 살폈다. 새끼를 언제 낳기 시작할지 모르기 때문이었다. 계속 들여다보지 않거나 한밤중에 잠시 잠이 든 사이 태어난 새끼는 탯줄이 달린 채 차가운 바닥에서 죽을 수도 있었다. 한낮이나 초저녁에 새끼를 낳으면 좋겠지만, 돼지들은 이상스럽게도 한밤중에 새끼를 낳는 때가 많았다.

새끼들이 태어나기 시작하면 홍주의 손길은 더 바빠졌다. 태어나자마자 준비한 천으로 몸을 싸고 있는 분비물을 닦아 내고, 특히 입안을 잘 닦아주었다. 입안의 이물질들을 바로 닦아 주지 않으면 태어나자마자 기도가 막혀 그대로 죽을 수 있었다.

홍주의 어린 두 아들도 돌아가면서 아버지를 도왔다. 홍주가 새끼 돼지의 탯줄을 실로 묶은 뒤 자르고, 소독약을 바르면서 닦아주는 사이, 아들은 버둥거리는 새끼 돼지를 잡고 있었다. 잘 닦아준 새끼 돼지들은 보온 박스 안에 바로 넣어주었다. 두꺼운 담요로 덮여있는 박스 안은 백열등의 열기가 새끼 돼지들을 따뜻하게 지켜주었다.

홍주는 대여섯 시간을 훌쩍 넘기는 긴 출산이 끝나고 나면 새끼 돼지들에게 초유를 먹였다. 사람과 마찬가지로 초유는 새끼 돼지들에게도 중요한 영양분이었다. 새끼 돼지들은 태어나면서 이미 제법 자라있는 이빨을 잘라줘야 했다. 태어나고 시일이 지나면서 날카롭게 자라는 이빨로 어미 돼지의 젖을 마구 물다 보면 어미 돼지는 피투성이가 될 수 있었다. 이 때문에 홍주는 새끼 돼지들의 이빨을 태어난 다음 날에는 뭉툭하게 잘라주었다.

홍주는 하루 여섯 번 정도 젖을 물릴 때마다 새끼 돼지들을 계속 지켜보았다. 이때는 돼지들의 위치를 수시로 바꿔주는 것이 중요했다. 어미 돼지의 젖 가운데 모유의 양이 적은 끄트머리의 젖은 상대적으로 작고 힘없는 새끼들의 차지였다. 대신 젖이 많이 나오는 자리는 같은 형제들 가운데에서도 힘이 더 세고 큰 것들이 차지했다. 젖을 먹일 때마다 새끼들의 위치를 일부러 바꿔주지 않으면 약한 것들은 계속 제대로 먹지 못해 점점 더 약해질 수밖에 없었다.

양돈업은 국내 농가들에게 좋은 수입원이었지만 항상 경기가 좋은 것만은 아니었다. 양돈 농가가 너무 많아져 공급이 많아지면서 가격이 폭락하는 돼지파동은 정기적으로 찾아왔다. 정부의 돼지고기 수입 정책 역시 파동의 원인이 되곤 했다. 홍주 역시 이러한 심각한 가격 하락 사태를 피할 수 없었다. 극심한 파동이 오면 돼지들은 사료 가격만도 못한 값에 팔려 나갔다. 태어나는 새끼 돼지들은 공짜로 준다고 해도 아무도 가져가지 않았다. 인근 마을에서는 태어난 새끼들을 키우지 않고 산 채로 묻어 버렸다는 이야기도 들렸다.

양돈과 함께 본격적으로 농사를 시작한 홍주는 고구마 농사를 좋아했다. 고구마는 척박한 황토 토질에서도 잘 자랐고 물만 잘 주면 상대적으로 농사가 쉬운 편이었다. 또 수확해놓으면 겨우내 먹을 수 있는 식량이었다. 네 가족이 함께 살던 방의 차가운 윗목은 겨울이면 고구마를 담아놓은 사료 포대가 여러 개씩 놓여 있었다. 고구마 농사를 많이 지은 해에는 수확량이 제법 많았지만 홍주는 고구마를 내다 팔 생각은 없었다. 대신 홍주는 많이 쌓인 고구마를 모두 돼지들에게 썰어 먹였다. 홍주는 그만큼 돼지들이 잘 자란다는 생각에 사람이 먹을 만한 것을 돼지에게 주는 것이 아깝지 않았다. 덕분에 홍주네 돼지들은 고구마나 가지를 사료 대신 먹는 날들이 한 번씩 있었다.

고구마와 달리 꼭 필요한 고추 농사는 어려움이 큰 편이었다. 농약을 쓰지 않으면 기대만큼 수확하기 어려웠다. 일일이 손으로 따는 힘든 수확 이후에도 손이 많이 가는 작물이었다. 어느 해에는 애써 수확한 빨간 고추를 바깥에 널어놓았다 걷지 않는 바람에 이슬을 맞아 모두 버리기도 했다. 그 뒤 홍주는 고추는 많이 심지 않았다. 대신 주변에 나눠주기 좋은 참깨와 마늘은 해마다 빠트리지 않고 심는 작물이었다. 홍주는 무나 배추와 함께 콩, 양파, 부추, 도라지, 케일, 땅콩 등도 즐겨 심었다.

홍주가 평촌에 와서 가장 신경 쓴 일은 엉뚱하게도 양돈이나 농사가 아닌 집짓기였다. 홍주는 신하리를 떠나 평촌으로 들어가면서 화미에게 유치원을 지어줄 것을 약속했었다. 시골에서 교육받을 기회가 없는 아이들을 가르치고 싶다는 화미의 꿈을 실현해주기 위한 것이었다. 화미를 위한 유치원을 열기 위해 홍주에게 가장 중요한 일은 유치원 건물 건축이었다. 평촌에 들어와 창고가 딸린 방 한 칸짜리 집과 돼지막사를 세운 데 이어, 홍주는 유치원 건물을 짓기 시작했다. 넓은 마루 공간이 필요한 유치원은 이미 들어선 집이나 돼지막사보다 훨씬 큰 규모였다.

유치원은 인부들을 고용해서 지어야 했다. 여느 공사현장과 마찬가지로 인부들과는 마찰이 있었고, 인부들은 기대만큼 일을 하지 않았다. 그럴 때마다 홍주는 본인이 직접 일을 했다. 건축 일을 배운 것은 아니지만 홍주는 뭐든지 할 자신이 있었다. 홍주가 먼저 일을 하고 나서면 인부들도 결국 따라 나서 일을 하곤 했다. 유치원 건물의 천장을 올리고 지붕을 올리면서 높은 곳에 올라가 하는 일은 홍주가 거의 도맡아서 하기도 했다. 화미는 홍주가 위험한 일까지 직접 하는 것이 불안했지만 그러지 않으면 일이 빨리 진행되지 않는다는 것도 잘 알고 있었다.

건축 일을 해보지 않은 홍주에게 건축업자들은 비싼 자재 값을 요구했다. 하지만 홍주와 화미는 건축비를 아끼기 위해 자재를 직접 사들였다. 화미는 작은아들과 동창인 대전 시내의 한 목재상에 찾아가 건축업자가 요구한 금액의 절반 값에 좋은 목재를 구해왔다.

"유치원 지붕은 슬레이트로 올리신다면서요? 이런 자재는 너무 과한데요?"
"유치원은 잘 지어서 오래 써야 해요. 제일 좋은 걸로 주세요."

목재상에서는 홍주와 화미가 유치원 지붕을 올리는 데 너무 좋은 목재들을 가져간다며 오히려 말리고 나섰다. 하지만 시골 아이들을 위해 오래 쓸 유치원을 튼튼하게 짓겠다는 생각에 홍주 부부는 예산을 초과하더라도 가장 좋은 목재를 선택했다. 아이들이 뛰어놀 마룻바닥 역시 플로어링 목재를 깔았다. 그렇게 공들여 지은 유치원은 화미와 두 아들이 평촌리로 이사를 들어간 1979년에 개원했다. 이름은 전원유치원이었다.

솔모음 합창단

어머니 합창단과 교회 합창단을 하는 화미는
성인합창단을 만들 계획을 세운다.
교회 합창단 동료였던 지휘자와 반주자,
단원들과 함께 솔모음합창단을 창단한다.
화미는 연습실 마련을 위해 이사를 하며
합창단에 열정을 쏟는다. 전국적으로 실력을
인정받은 솔모음합창단은 대전시장의
도움으로 대전시립합창단이 된다.

    화미는 어린 시절부터 음악을 좋아했다. 글자를 배울 무렵부터 고모와 삼촌에게 노래를 먼저 배웠다. 학교에 다니기 전 어릴 때 배운 외국의 가곡이나 노래, 음악들은 잊지 않았고, 황해도 고향 항주에서 잠시 다닌 교회 유치원에서도 노래를 부르는 시간이 가장 좋았다. 교회를 다니고 신앙생활을 하면서 성가대원으로 열심히 활동한 것도 음악에 대한 열정과도 무관하지 않았다.

    화미는 신랑 홍주가 동면 신하리로 출퇴근을 시작한 뒤 남대전성결교회 부설 애린유치원에서 2년 동안 원감으로 일했다. 남대전성결교회는 당시 교회 앞 도로변에 교육관을 새로 지으면서 1층은 가게들에 세를 주고, 2층에는 부설 애린유치원을 개원했다. 화미는 유치원 개원과 함께 초대 원감직을 맡아줄 것을 제안받아 일하게 됐다. 교회에서는 화미가 평소 주일학교 교사 활동을 열심히 하고 아이들을 좋아하는 것을 잘 알고 있던 이유로 원감직을 제안했다. 애린유치원의 초대 원장은 이영희 전도사였다.

유치원 원감은 각종 재정을 담당하는 자리였다. 화미는 원아들에게 다달이 받는 원비부터 각종 후원금과 지원금 등을 회계 정리하고 결산했다. 중앙시장에서 동방상회의 회계를 맡았던 경험 덕분에 화미에게는 원감직이 그다지 어려운 일이 아니었다. 말끔한 회계 정리 덕분에 교회 감사에게서는 칭찬도 받았다.

애린유치원에서 화미는 인생의 친구가 된 피아니스트 장록주 선생을 처음 만났다. 장록주 선생의 언니를 애린유치원으로 스카우트하기 위해 섭외하던 중, 언니

↖ 애린유치원 앞에서(오른쪽이 화미)

의 추천으로 장록주 선생이 유치원에 교사로 오게 됐다. 장록주 선생은 피아노를 전공한 빼어난 인재였다. 장록주 선생을 유치원에서 만난 화미는 뒤늦은 나이였지만 피아노를 배우고 싶은 생각이 들었다. 그 무렵 대학에 진학하지 못했던 것이 늘 아쉬웠던 화미에게 홍주는 대학에 보내주겠다는 이야기를 하곤 했다. 화미는 홍주에게 대학에 가는 대신 피아노를 배우겠다고 했다. 화미는 피아노가 모든 음악의 기초라고 생각했고, 합창단 활동은 물론 음악을 이해하고 즐기는 데 큰 도움이 될 것이라고 생각했다.

피아노를 배우기로 결심한 화미에게 장록주 선생은 취미 삼아 가볍게 배울지, 아니면 본격적으로 배울지를 물었고 화미는 제대로 배우겠다고 답했다. 덕분에 화미의 뒤늦은 피아노 수업은 힘들게 이어졌다. 장록주 선생은 애린유치원을 그만둔 뒤에도 화미와 피아노 수업을 이어나갔고, 두 사람의 인연은 그 뒤로도 오랫동안 이어졌다. 당시 어렵게 배운 피아노 연주는 후일 화미가 유치원을 운영하는 데 큰 도움이 되었다. 피아노를 연주할 수 없으면 교사 채용 시 피아노 반주가 가능한 조건을 달아야 했지만, 화미는 그럴 필요가 없었던 것이다. 덕분에 화미는 마음에 드는 교사들을 채용해 대부분 오랫동안 함께 일했다.

애린유치원 원감으로 일하는 동안 화미는 대한어머니회 대전

지부의 합창단에도 가입했다. 사단법인이었던 대한어머니회 대전지부에서 만든 합창단은 멤버들이 화려했고, 당시 지역에서 활동하는 몇 개 합창단 가운데 실력이 좋은 편이었다. 대전 카톨릭 문화회관에서는 꽤 성대한 발표회도 열었다. 합창단은 1977년경 전국 건전가요 합창경연대회에 대전 대표로 참가했다.

당시 합창단 단장은 대한어머니회 지부장이던 허갑이 원장이었다. 치과 의사였던 허 원장은 평소에도 봉사활동을 많이 했고, 훌륭한 인품으로 지역에서 존경을 받고 있었다. 어머니회 합창단의 지휘는 안선길 씨가 맡았다. 이화여대 음대를 졸업한 안선길 지휘자는 자신보다 나이가 많은 단원들을 성심껏 가르치며 존경과 귀여움을 함께 받았다. 합창단의 총무는 화미의 중학교 동창이자 가까운 친구인 박행자였다. 화미는 학교 동창들도 여러 명을 다시 만나 합창단에서 함께 노래하는 것이 즐거웠다. 대한어머니회 대전지부는 그해 전국 합창경연대회에서 1등을 차지했다.

대한어머니회 대전지부 합창단의 인연은 그대로 끝나지 않았다. 합창단에는 당시 대전제일교회 성가대 멤버들이 여러 명 포함돼 있었다. 대전제일교회 성가대는 대전의 많은 교회 성가대 가운데 음악적인 면에서 실력이 아주 뛰어나다는 평가를 받고 있었다. 화미는 어머니회 합창단원들과 평소에도 계속 음악

↖ 제3회 대전연합교회음악강습회(첫줄 오른쪽에서 다섯 번째가 화미. 1959년 8월 30일)

을 하고 싶은 생각에 소속 교회를 대전제일교회로 옮겼다. 앞서 다니던 남대전성결교회는 성가대가 활성화된 편이 아니어서 늘 서운했었다. 게다가 중앙시장에서 가까운 인동으로 이사한 뒤 교회가 꽤 멀어졌고, 대전제일교회는 훨씬 가까운 편이었다.

어려운 결정이었지만 대전제일교회의 성가대 생활은 행복했다. 단원들과 빠르게 가까워진 화미는 곧바로 성가대 총무를 맡았다. 성가대의 지휘는 대전에서 가장 유명한 서강복 지휘자가 맡고 있었다. 시내에서 널리 알려진 기신양복점의 김현갑 장로 등 여러 어르신들이 성가대를 지원해주면서 교회 안팎에서 다양한 행사에 참여하고 음악 예배도 자주 드릴 수 있었다.

하지만 기독교인으로서 신앙생활을 하며 합창을 하는 단원들은 마음속에 늘 아쉬움과 부족함을 느끼고 있었다. 그러한 아쉬움은 음악적인 갈증에 가까웠다. 훨씬 더 다양하고 많은 곡들을 일반 청중 앞에서 선보이고 싶은 음악인으로서 열정도 아쉬움을 키웠다. 마음이 맞는 단원들은 자연스럽게 사회인 합창단을 만들어 보자는 꿈을 이야기하기 시작했다. 음악과 합창에 대한 열정이 넘치던 화미는 그 꿈을 실현시킬 계획을 직접 세웠다. 사회인들로 구성된 혼성 합창단을 결성해 활동하기로 마음먹은 것이다. 1978년, 그렇게 결성된 것이 '솔모음합창단'이었다.

처음 구성된 솔모음합창단의 면면은 화려했다. 대전제일교회의 서강복 지휘자와 애린유치원에서 만난 장록주 반주자가 함께했고, 단원들은 20대 대학생들부터 40대 초반의 성인까지 다양했다. 같은 교회에서 이미 서로 잘 아는 단원들도 많아 새로 결성됐지만 분위기는 더할 나위 없이 좋았다. 특히 단원들 가운데에는 음악을 전공하는 청년들이 많았다. 화미는 솔모음합창단의 이사를 맡아 운영을 해나갔다.

의욕적으로 시작했지만 솔모음합창단의 가장 큰 어려움은 경제적인 부분이었다. 예산 지원이 전혀 없는 탓에 단원들은 모두 회비를 내면서 연습을 이어갔다. 이사를 맡은 회원들이 연회비를 더 내거나 공무원으로 일하는 단원들은 자발적으로 필요한 경비를 더 내놓기도 했다. 더 큰 어려움은 연습 장소였다. 몇 십 명의 단원들이 한꺼번에 들어갈 연습 장소는 좀처럼 해결하기 어려운 문제였다.

남편 홍주가 동면 신하리를 떠나 평촌으로 먼저 들어가 농사를 지으며 자리를 잡는 동안, 화미는 대전 대흥동의 한 건물 3층을 빌렸다. 건물 안에 덩그러니 비어 있던 큰 공간에다 칸막이를 세우고 화미와 두 아들이 생활하는 공간과 솔모음합창단의 연습실로 나누었다. 합창을 위한 전용 공간은 아니었지만, 단원들이 한꺼번에 모일 수 있는 공간을 확보한 것만으로도 큰 고민이 해결됐다. 건물 밖 유리창에는 솔모음합창단이라는 큰 글씨도 내걸었다. 단원들은 이곳에 매주 모여 합창 연습을 하며 착실히 발표회 준비를 할 수 있었다. 대흥동 연습 공간은 화미가 다

↖ 솔모음합창단 한국가곡 발표회(제일 오른쪽이 화미. 1979년 2월 27일)

시 이사하기까지 1년 반 정도 사용할 수 있었다.

화미가 시내에서 제법 떨어진 평촌리로 이사를 떠나면서 합창단은 다시 연습 공간을 찾아야 했다. 당시 충남도청에서 근무하던 유항근 단원은 시내의 예식장들을 연습 공간으로 쓰기 위해 수소문했다. 평일인 월요일 저녁에 늘 비어있는 공간인 예식장은 어디든 피아노가 있었고, 단원들이 모여 합창 연습을 하기에 적합했다. 예식장 한 곳을 계속 빌리기가 어려워지면 여러 예식장들을 전전하며 연습을 이어갔다. 음악을 사랑하는 이들이 모여 만든 솔모음합창단은 여러 가지 어려움 속에서도 대전가톨릭문화회관에서 발표회를 열었다. 짧은 시일이었지만 솔모음합창단은 대전과 충남지역 음악인들 사이에서 실력을 인정받는 합창단으로 자리 잡았다.

솔모음합창단의 명성이 제법 알려질 무렵, 대전에서는 시립합창단 창단 논의가 진행되기 시작했다. 대전시는 당시까지 시립합창단을 공식적으로 운영한 적이 없었다. 시립합창단 창단 논의가 시작되자, 시청 안팎에서는 자연스럽게 솔모음합창단에 관심이 쏠렸다. 지역의 실력 있는 음악인들과 청년들이 주

↖ 솔모음합창단 현판

축이었던 만큼 시립합창단으로 손색이 없었기 때문이었다.

    1980년 여름, 솔모음합창단은 화미 부부가 있는 평촌의 전원 유치원에서 3박 4일에 걸친 하계수련회를 열었다. 여름방학 기간 동안 비어있는 유치원은 합창단원들이 연습하기에 좋았다. 합숙 훈련에 참여한 30여 명의 단원들은 오전과 오후에 파트별로, 혹은 다 같이 합창 연습을 했다. 에어컨도 없는 건물이었지만 피아노 한 대와 함께 단원들의 연습은 진지하게 이어졌다. 연습이 없는 시간에는 식사를 함께 준비하고 많은 대화를 하며 청년들에게 어울리는 즐거운 여름 수련회를 이어갔다. 밤에는 인근 개울가에서 캠프파이어를 하며 새벽까지 대화하는 시간도 가졌다. 솔모음합창단 활동을 했던 모든 단원들은 화미와 마찬가지로 그 시절을 잊지 못했다.

    솔모음합창단은 이 무렵 '대전합창단'으로 명칭을 바꿨다. 전국의 합창단들이 한자리에 모이는 '건전가요 합창경연대회'를 준비하면서, 대전 대표로 참가할 것을 미리 감안한 것이었다. 솔모음합창단은 따로 해단식을 갖지 않았고, 단원들도 모두 그대로였다.

    1971년 박정희 대통령 시절 시작된 전국 건전가요 합창경연대회는 정부 차원에서 개최하는 것이었고, 그만큼 권위 있는 대회였다. 이후 제5공화국 출범과 전두환 대통령 집권 이후, 문화

↖ 전국 건전가요 합창경연대회 충남 예선 우승(1980년 9월 17일)

예술 분야에 대한 정치적인 의도가 깔린 지원까지 더해지면서 합창경연대회의 규모와 위상은 더욱 커졌다. 전국의 모든 합창단들은 이 대회를 위해 지역 예선부터 많은 정성을 쏟았다.

1980년 9월, 대전시민회관에서 지역 예선이 열렸다. 대전시가 광역시로 확대되기 이전에는 대전시 예선을 먼저 치른 뒤, 충남 예선을 거쳐야 했다. 대전합창단은 대전 충남 지역 예선에서 보란듯이 잇달아 1등을 차지했다. 지역 예선 통과는 단원들도 어느 정도 예상을 했던 결과였다. 전국대회에 출전할 지역 대표로 선발되면서 합창단은 일단 1차 목표를 달성했다. 하지만 전국대회는 지역 예선과 수준이 전혀 다른 것을 단원들도 잘 알고 있었다. 지역 예선을 통과한 단원들은 전국대회가 열릴 때까지 더 열심히 연습을 이어갔다.

전국대회 연습이 한창이던 어느 날, 심대평 당시 대전시장이 합창단의 연습장을 방문했다. 전국대회에 나가게 된 합창단을 격려하기 위해 시장이 직접 연습장을 찾은 것이었다. 심 시장은 솔모음합창단 시절부터 합창단 동료였던 김상휘 수행비서와 함께 연습장을 찾았다. 이 자리에서 심 시장은 합창단원들에게 뜻밖의 약속을 했다.

"전국대회에서 우승하면 대전 시립합창단으로 만들어드리겠습니다."

심 시장의 발언은 전혀 예상하지 못한 것이었다. 하지만 뜻밖의 약속에 합창단원들은 뚜렷한 목표가 생겼다. 전국대회 우승이라는 아주 구체적인 목표였다. 당시 심대평 대전시장의 약속은 지역 음악계에도 빠르게 소문이 퍼졌고, 실행 여부가 큰 관심거리로 떠올랐다.

서슬 퍼렇던 제5공화국 초기의 사회 분위기상 건전가요 경연대회에 참가하는 합창단들이 선택할 곡은 많지 않았다. 대부분 가곡 중심이었고, 익숙한 민요나 '고향의 봄' 같은 곡들이 대부분이었다. 선곡에서 크게 차별화를 하기 어려운 만큼 비슷한 실력을 가진 합창단들의 경쟁은 더 치열할 수밖에 없었다.

1980년 10월 16일, 전국대회 본선이 서울 국립극장 대극장에서 열렸다. 당일 대회장에서는 서울지역 합창단들이 아무래도 유리할 것이라는 예상이 많았다. 대전합창단 단원들은 이른 아침 버스를 타고 서울까지 이동하는 것도 힘들었다. 하지만 각 팀들의 발표가 끝난 뒤 본선 최종 우승은 대전합창단이 차지했다. 우승 소식이 발표되는 순간 단원들은 모두 자리에서 일어나 환호성을 질렀다. 객석에서 경연대회를 지켜본 화미는 남다른 기쁨과 함께 평생 잊을 수 없는 순간을 맞았다. 화미는 서울 대회장으로 가는 버스에서 단원들이 먹을 김밥 80줄을 새벽까지 정성껏 싸며 피곤했던 것도 순식간에 잊어버렸다. 화미와 솔모음합창단의 인연은 이 대회가 사실상 마지막이었다.

1981년, 심대평 대전시장은 드디어 대전시립합창단 창단을 공식 선언했다. 합창단 연습장을 찾아와 했던 약속을 지킨 것이다. 시장의 약속대로 시립합창단의 모태는 솔모음합창단에서 이름을 바꾼 대전합창단이었다. 공식 발표 소식을 전해 들은 대전시립합창단의 초대 단원들은 뛸 듯이 기뻐했다. 연습 장소도

↖ 전국 건전가요 합창경연대회 우승(1980년 10월 16일)

못 구해 예식장을 전전하던 어려움도 해결하고, 초대 단원이라는 명예까지 얻었기 때문이었다. 단원들은 무엇보다도 음악에 한층 더 집중할 수 있게 된 것이 가장 기뻤다.

당시 전환 과정에서는 대전시청과 충남도청에서 근무하던 공무원 단원들도 많은 역할을 했다. 특히 대전시청 공무원이었던 김상휘 장로는 중요한 역할을 담당했다. 대전제일교회에 다니던 김상휘 장로는 당시 심대평 시장의 수행비서였고, 후일 대전시 문화체육국장을 지냈다. 그런 이유로 김상휘 장로는 자연스럽게 합창단과 대전시 사이에서 중요한 가교 역할을 하며 행정업무 등 많은 궂은 일들을 처리했다. 또 충남도청에서 근무하던 유항근 단원 역시 어려운 시절 합창단 운영에 크게 기여했다.

1981년 12월 22일, 대전시립합창단은 대전시민회관 대극장에서 창단 발표회를 열었다. 초대 지휘자와 반주자는 솔모음합창단 시절부터 호흡을 맞춰온 서강복, 장록주 두 분이 그대로 맡았다. 화미 역시 창단 발표회에 초대받았다. 대전시립합창단의 태동에 기여한 공을 인정받은 것이다. 어려운 상황에서 음악을 함께했던 솔모음합창단과 단원들이 시립합창단으로 첫발을 내딛는 모습을 화미는 객석에서 감격스럽게 지켜봤다.

↖ 대전시 건전가요 합창경연대회 우승(앞줄 정중앙이 화미. 1980년 9월 5일)

전원유치원

화미는 시골에서 유치원을 연다. 해마다
많게는 50여 명의 원아들이 유치원에
찾아온다. 교육을 받을 기회가 없던 아이들을
화미는 정성껏 가르치고 돌봐준다. 시골에서
일만 하던 자모들도 화미의 마음을 이해하게
된다. 아이들을 사랑하는 화미는 유치원
운영의 대가를 바라지 않는다. 홍주도
약속대로 성심껏 유치원 운영을 돕는다.

중앙시장을 떠나는 화미에게는 두 가지 꿈이 있었다. 바로 합창단과 유치원이었다. 1978년, 홍주가 미리 봐둔 평촌리 진벌을 처음 가본 화미는 이곳에 유치원을 세우면 되겠다는 생각이 바로 들었다. 부지 바로 옆에는 샛길로 이어지는 길헌초등학교가 있었다. 하지만 인근 흑석리(동)와 원정리(동), 오리(동) 등에는 입학 전 아동들을 위한 유치원이나 교육시설이 전혀 없었다. 시골의 어린아이들은 산과 들로 돌아다니거나 집에서 일을 거들며 초등학교 진학을 기다리고 있었다. 화미는 솔모음합창단 일을 하고 있었지만, 이곳에서 유치원의 꿈을 실현하기로 결심했다. 평촌에 유치원을 열고 아이들을 키우는 것이 자신의 소명이라는 생각도 들었다.

화미는 홍주가 동면 신하리를 떠나면서 다시 시골로 들어가 농사를 지으며 양돈을 계속 하는 것에 강하게 반대했었다. 아이들의 교육을 위해서도 대전 시내에 자리 잡는 것이 옳다고 생각했던 것이다. 그러나 홍주를 따라가 평촌 부지를 보는 순간 마음이 흔들렸다. 가장 큰 이유는 자신의 꿈인 유치원을 그곳에 세워 어린아이들을 가르칠 수 있겠다는 생각이 들었기 때문이었다. 화미는 자신의 꿈을 홍주에게 설명했다. 홍주는 화미의 뜻을 그대로 받아들였다.

"평촌으로 같이 들어가면 두 가지는 약속할게요."
"두 가지가 뭔데요?"
"하나는 농사일을 하지 않게 한다는 것, 또 하나는 유치원을 개원하고, 나도 일을 도와준다는 것."

홍주는 두 가지 약속을 모두 지켰다.

평촌에 유치원이 처음 문을 연다는 소식은 인근 마을까지 빠르게 퍼졌다. 홍보를 한 것도 아니었지만 먼저 전화를 걸어오거나 물어보는 사람들이 많았다. 그만큼 아이들이 갈 만한 곳이 없었던 것이다. 낮 시간에 아이들이 갈 곳이 없는 것도 농촌의 부모들에게는 적지 않은 고민이었다. 연락을 주는 부모들은 모두 대환영이었다. 돼지를 키우면서 한쪽에 지은 유치원 건물이 거의 완성되자 홍주와 화미는 개원을 빨리 하는 것이 좋겠다고 생각했다. 인근에서 먼저 물어보는 이들이 많은 데다, 아이들이 모여 공부하고 뛰어놀 공간이 있으면 다른 준비는 개원한 뒤에도 할 수 있을 것이라는 생각이었다. 화미는 두 아들을 데리고 솔모음합창단의 연습실로 사용하던 대전 대흥동의 3층 건물에서 평촌으로 이사를 했다. 이사한 직후인 1979년 3월 9일, 전원유치원을 개원했다.

전원유치원에는 원아 모집 공고를 할 겨를도 없이 50여 명의 아이들이 바로 찾아왔다. 아이들은 바로 옆 길헌초등학교에 다니는 언니 오빠들의 손을 잡고 대부분 아침 일찍 유치원에 도착했다. 농사일로 바쁜 학부모들은 아이들이 유치원을 오가는 것을 신경 쓰기 어려웠다. 유치원을 오가는 아이들 역시 혼자서 오가는 먼 길을 대수롭지 않게 생각했다. 아이들에게 산길이나 논둑길을 걸어 유치원에 오는 것은 그다지 어려운 일이 아니었다.

가장 멀리서 걸어오는 아이들은 한 시간 정도를 걸어서 유치원에 나왔다. 오리울에 사는 아이들이었다. 아이들은 점심을 먹고 1시쯤에는 집으로 돌아갔지만 산골짜기 제일 안쪽에 사는 아이들은 늘 바로 집에 가질 않았다. 골짜기를 올라가며 개울에서 새우와 송사리를 잡으며 노는 것이 아이들의 일과였다. 늦게 돌아가는 아이들 때문에 화미는 엄마들에게서 전화를 받는 날도 있었다. 하지만 화미는 아이들을 크게 걱정하진 않았다. 누가 어디에서 놀고 가는지 잘 알고 있었기 때문이었다.

개원 다음 달인 4월 어느 날 아침, 굵은 빗방울이 쏟아졌다. 화미는 쏟아지는 비를 보며 아이들이 아무도 오지 못할 거라고 생각했다. 하지만 9시가 되자 아이들은 한 명도 빠지지 않고 모두 유치원에 도착했다. 운동화 대신 대부분 검정 고무신을 신은 아이들이 하나 둘 유치원에 들어설 때마다 화미는 놀라지 않을 수 없었다. 장화는 고사하고, 우산을 쓰고 온 아이가 단 한 명도 없었다.

고무신을 신고 온통 흙을 뒤집어쓴 아이들의 발을 화미는 수건을 가져와 일일이 닦아줬다. 아이들의 발을 씻겨주면서 화미는 인근 지역 아이들의 생활 형편이 생각보다 더 어렵다는 것을 깨달았다. 화미는 그날 간식으로 수제비를 끓였다. 애호박을 썰어 넣고 끓인 수제비를 아이들은 너무나 맛있게 먹었다. 한두 그릇씩을 더 달라며 수제비를 먹는 아이들의 행복한 표정을 화미는 잊을 수 없었다.

아이들의 가정형편이 궁금해진 화미는 가정방문을 다니기 시작했다. 아이들을 앞세워 찾아가본 가정들은 조금씩 차이는 있었지만, 대부분 한눈에도 어려워 보였다. 오래된 집들은 흙바닥으로 된 마당에 덩그러니 지어져 있었고, 문 하나만 열면 방이었다. 들어가본 방들은 한낮에도 어두컴컴했다. 아이들의 부모들은 모두 농사를 짓고 살았다. 추수할 때나 농사일이 바빠지면 어린아이들의 일손까지 필요한 때도 많았다. 유치원 아이들의 엄마들은 시골로 시집 와 농사를 지으며 거의 시부모를 모시고 살았다. 아이들은 대부분 세 명 이상이었다. 시부모를 모시고, 아이들을 키우며 농사일을 하는 것이 유치원 자모들의 평범하고 고된 일상이었다. 화미는 아이들과 함께 젊은 엄마들이 고생하는 모습이 안타까웠다. 그래서 생각해낸 것이 '자모회'였다.

화미는 한 달에 한 번씩 자모회를 열었다. 자모회에는 당연히 모든 어머니들이 초청됐다. 처음 자모들이 모인 날, 화미는 국수를 삶아 대접했다. 환한 얼굴로 즐겁게 국수를 먹는 모습을 본 화미는 국수로는 부족하다는 생각이 들었다. 그래서 다음 달부터 열린 자모회에는 따뜻한 밥과 반찬이 차려졌다. 어머니들은 유치원 자모회를 이유로 잠시 농사일에서 해방되는 것이 너무나 기뻤다. 인근에 살면서도 서로 얼굴 보기 어려운 비슷한 또래의 엄마들과 잠시 이야기하며 즐거운 시간을 보낼 수도 있었다.

화미가 자모회에 나온 어머니들에게 들려준 이야기들은 성모

↖ 전원유치원 자모와 원아들

초등학교 박기주 교장 수녀님에게 배운 것들이 많았다. 박기주 교장 수녀님은 학부모들을 대상으로 한 교육에도 관심이 컸고, 화미는 큰아들이 성모초등학교에 다니는 동안 학교 자모 모임에서 교육받을 기회가 많았다. 대부분 가정에서 아이들의 교육을 어떻게 시킬 것인지에 대한 이야기였고 기억에 남는 내용들이 많았다. 화미는 자신이 받았던 교육을 자모들에게 그대로 전해주었다. 당시 교육청에서도 학부모들을 대상으로 한 교육을 실시하라는 공문이 계속 내려왔었다. 아이들에게도 인성교육과 자연이나 친구들과의 관계를 중요하게 다뤄줄 것을 강조하고 있었다. 화미는 자신이 생각했던 유치원의 교육과 방향을 강조

하는 공문이 내려올 때마다 이런 당연한 이야기를 굳이 서류로 내려보내는 이유가 궁금하기도 했었다.

개원 뒤 봄이 되자, 첫 소풍을 가게 됐다. 화미는 아이들을 데리고 평촌리에서 좀 떨어진 마을인 오리(동)의 냇가 자갈밭까지 걸어갔다. 잠시 놀고 난 뒤 점심을 먹을 때가 되자 화미는 다시 한 번 놀라지 않을 수 없었다. 김밥을 싸 온 아이가 아무도 없었기 때문이었다. 아이들은 대부분 언니 오빠들이 들고 다니는 양은 도시락에 밥과 장아찌를 싸 왔다. 한 아이는 할머니가 싸주셨다며 고등어조림이 든 도시락을 내밀었다. 원장님을 위한 특별 점심이었다.

첫 소풍에서 본 아이들의 도시락은 화미에게 충격이었다. 화미는 1년에 한두 번 가는 유치원의 소풍 도시락도 시골에서는 큰 고민거리라는 생각이 들었다. 아이들의 도시락이 마음에 걸린 화미는 다음 소풍부터는 도시락을 아예 싸 오지 말라고 자모들에게 알렸다. 대신 아이들이 먹을 김밥을 직접 싸서 봄과 가을 소풍에 가져가기 시작했다. 일하느라 시간이 없어 아이를 위한 소풍 김밥을 싸주기도 어려웠던 엄마들은 고맙다는 말을 거듭 전해왔다.

아이들과 조금 먼 곳으로 소풍을 갈 때는 당시 유치원을 관할하던 대덕군청의 버스를 빌려 타기도 했다. 아이들은 동네에서

벗어나 조금이라도 멀리 가는 소풍을 좋아했다. 군청 버스에 유치원 아이들을 태우고 온양 민속촌까지 다녀오는 날도 있었다. 하지만 직원들의 출퇴근 시간이 지난 뒤 군청 버스를 빌려 이용하다 보니 버스로 갈 만한 곳은 제한적이었고, 가는 곳마다 대형 관광버스들이 이미 자리 잡고 있었다. 출발 시간이 너무 늦어지기 때문이었다. 군청 버스 대신 관광버스를 이용하기 시작하면서 좀 더 여유 있는 소풍을 다닐 수 있었다.

유치원의 소풍을 싫어하는 주민들도 있었다. 봄과 가을, 농촌에서 일손이 한참 필요한 시기에 며느리들이 자모회나 소풍에 참석하면서 일을 쉬는 것이 못마땅했던 동네 어른들이었다.

"아니 이 바쁜 농사철에 무슨 소풍이여 소풍은. 그냥 애들이나 데리고 가면 되지, 애 엄마들은 또 왜 데리고 가는데."

지나가던 화미를 만난 한 할머니는 대놓고 불만을 터뜨렸다. 화미는 웃으면서 아무런 대답도 하지 않았다. 무슨 이야기를 해도 시골 어르신들을 만족시키기는 어려운 상황이었다. 하지만 화미는 그럴수록 더 자모들을 데리고 가야겠다는 생각이 들었다. 쉴 틈이 없는 자모들이 소풍이라도 함께 가야 하루라도 쉴 수 있다는 것을 정확히 알게 됐기 때문이었다.

유치원 개원 초기에 이런 일들을 겪은 자모들은 아이들이 유

↖ 전원유치원 봄 소풍(1987년)

치원을 졸업하고 다 자란 뒤에도 그 시절을 잊지 못했다. 화미는 소풍을 따라 나섰던 날들이 너무 행복했다는 자모들의 이야기를, 후일 아이들이 다 자란 뒤까지 평생 듣게 되었다.

아이들의 식사는 화미에게 아주 중요한 일이었다. 자라는 아이들을 잘 먹이고 싶었기 때문이었다. 아이들의 밥과 반찬을 정성껏 준비하는 시간이 화미는 행복했다. 김도 낱개로 포장해 판매하는 조미김은 아이들에게 주지 않았다. 바쁜 시간이지만 몇십 장이 되는 김을 집에서 수확해 짠 기름을 발라 일일이 구워주면 아이들은 맛있게 먹었다. 그러다 한번은 선물로 들어온 포장 김을 아이들에게 내준 적이 있었다. 아이 한 명은 곧바로 "선생님, 김 맛이 이상해요"라며 불만스러워했다.

화미는 유치원의 반찬들은 대부분 집에서 농사 지은 것들로 준비했다. 가공식품은 아이들에게 좋지 않을 것이라는 다소 막연하지만 뚜렷한 생각이 있었기 때문이었다. 그런 화미의 생각을 확인해주는 일도 있었다. 개원 뒤 몇 년이 지나며 식사를 한 아이들이 가끔 토하는 경우가 있었다. 화미는 걱정스러운 생각에 고민했지만 도저히 원인을 알 수가 없었다. 그러던 중, 아이들에게 햄으로 만든 반찬을 해주면 그런 일이 반복된다는 사실을 발견했다. 영양학이나 의학적인 소견은 없었지만, 화미는 유치원에서 햄이나 가공식품으로 된 반찬을 주지 않았다. 다행히 그 뒤로는 배탈이 나는 경우도 사라졌고, 화미는 자신의 생각이 옳다고 믿었다.

유치원에 다니는 어린아이들의 건강 상태도 아주 중요했다. 화미는 가까운 보건지소에 아이들의 검진을 부탁하곤 했다. 보건지소에서도 기꺼이 유치원을 찾아와 아이들을 정성껏 살펴주었다. 아이들은 유치원에 다니기 전에는 맞을 수 없었던 뇌염이나 독감 예방주사도 해마다 때가 되면 접종하게 되었다. 개원한 뒤 몇 년 동안 여름에서 가을로 넘어갈 무렵이면 감기에 걸리는 아이들이 많았지만, 독감 백신을 접종하기 시작한 뒤로는 크게 줄어들었다.

한번은 아이들의 검진을 해주겠다는 전화가 대덕구 보건소에서 걸려왔다. 대전시가 대전광역시로 확대되면서 대전시 대덕구로 바뀐 뒤였다. 당시 대덕구 보건소는 유치원이 있던 평촌의 정반대편인 오정동에 처음 세워졌다. 보건소 버스로 아이들을 데려가 검진까지 해준다는 말에 화미는 아이들을 데리고 나섰다. 하지만 가는 길이 먼 탓에 보건소의 새 버스에서 멀미를 하며 계속 토하는 아이가 있었다. 버스에 얼룩이 묻을까 걱정한 화미는 가지고 있던 수건으로 토사물을 닦아주며 간신히 구 보건소에 도착했다. 그런데 보건소에서는 아이들을 진료실 안으로 들여보내지도 않았다. 대신 아이들은 보건소 현관 문 앞에 선 채로 형식적인 진료만 받은 채 검진을 끝냈다.

힘들게 아이들을 데리고 보건소까지 찾아갔던 화미는 화가 났다. 보건소의 실적을 위해서 아이들을 불렀을 뿐, 정작 아이들의 건강과 검진에는 별 관심이 없는 것이 분명했기 때문이었다. 먼 곳에서 일부러 찾아간 어린아이들을 무시했다는 생각도 들었다. 대덕구 보건소에서는 다음 해에 한 차례 더 오라는 전화가 걸려왔지만 화미는 필요 없다며 거절했다. 시설 좋은 큰 보건소보다는 인근의 보건지소 소장님이 직접 찾아와 아이들을 정성껏 봐주는 것이 훨씬 더 만족스러웠다.

어느 해에는 유독 콧물을 많이 흘리는 아이가 유치원에 다녔다. 유치원에 있는 내내 코를 흘리는 아이를 화미와 선생님, 남편 홍주까지 계속 따라다니며 닦아주었다. 책상이나 바닥도 1년 내내 계속 닦아야 했다. 아이를 검진한 보건지소 소장은 비염이 심한 상태에서 콧물이 많이 난다고 설명해주었다. 하지만 아이는 비염 치료를 따로 받지 못했다. 병원에 다닐 형편이 아니기 때문이었다.

↖ 전원유치원 원아들(1988년)

1년이 지난 뒤 아이가 졸업을 하게 되자 아이 어머니가 화미를 찾아왔다. 어머니는 1년 동안 아이를 잘 보살펴줘 감사하다며 선물을 하고 싶다는 말을 꺼냈다. 화미는 괜찮다고 사양했지만 자모의 청은 그치질 않았다. 할 수 없이 생각하던 화미가 떠올린 것은 밥상이었다. 뭔가 다른 걸 기대했던 자모가 의아해 하자, 화미는 밥상이 마침 하나 필요하게 됐다며 집이나 유치원에서 쓸 수 있는 밥상을 기증해달라고 요청했다. 돌아간 아이 엄마는 며칠 뒤 동그란 밥상을 들고 다시 찾아왔다. 그렇게 기증받은 밥상은 화미에게 너무나 귀한 선물이었다. 화미는 유치원을 그만둘 때까지 잘 사용한 그 밥상을 유치원을 그만둔 뒤에도 집에서 오랫동안 더 사용했다. 화미는 동그란 밥상을 볼 때마다 코흘리개 아이가 떠오르곤 했다.

　남편 홍주는 화미를 돕겠다던 약속을 성심껏 지켰다. 돼지를 키우면서도 시간이 날 때마다 유치원에 와서 교사와 함께 아이들을 돌봐줬고 점심을 차리는 것을 도왔다. 양돈을 그만둔 뒤에는 멀리서 다니는 아이들을 위해 통학 차량의 운전을 맡은 것도 홍주였다.

　군에서 제대한 뒤 일반 운전면허가 없던 홍주는 유치원 차량 운전을 위해 1종 운전면허가 필요했다. 하지만 홍주는 첫 필기시험에서 떨어졌다. 자신도 면허를 따야겠다고 생각한 화미는 다음에 홍주와 함께 필기시험을 치렀다. 하지만 자신은 붙고 홍주는 다시 필기시험에 떨어질지도 모른다고 생각한 화미는 몇 문제를 일부러 틀리게 답해 78점을 받으며 떨어졌다. 다행히 홍주는 두 번째 필기시험에서 합격해 1종 운전면허를 바로 취득했다. 다시 시험을 치른 화미도 1종 면허를 땄다. 하지만 운전은 항상 홍주의 몫이었다. 홍주가 차량 운전을 담당해주면서 아이들의 등하굣길은 한결 편하고 안전해졌다.

전원유치원을 탐탁지 않게 생각하는 이들도 주변에 있었다. 인근 흑석리(동)의 파출소장도 그런 이들 가운데 한 명이었다. 유치원 개원 뒤 몇 년이 지나면서, 파출소장이 유치원 운영을 못하게 하겠다고 주변에 떠들고 다닌다는 이야기가 들렸다. 인가 없이 유치원을 운영하고 있다는 게 이유였다.

전원유치원이 개원 초기 인가가 없었던 것은 사실이었다. 개원 준비를 위해 대덕군 교육청을 찾아가자 담당 공무원은 사립학교법을 적용해야 해서 행정 절차가 너무 복잡하다며, 화미에게 일단 개원하라고 조언해주었다.

"그런 시골에서 애들 가르친다고 유치원 열면 저희가 오히려 고맙죠. 그냥 개원하세요."

사실 유치원의 면적과 마당 등 모든 시설은 이미 대전 시내의 유치원들보다 여유 있었고 각종 기준도 충족된 상태였다. 다만 부족한 시설은 그네였다. 기준 시설 가운데 유치원에 필요한 '춘향이그네'라고 불리는 그네가 전원유치원에는 없었다. 아이들이 다칠 것을 염려한 화미는 긴 그네를 유치원 마당에 세우고 싶지 않았다.

어느 날, 파출소장에게서 연락이 왔다. 화미에게 파출소로 찾아오라는 내용이었다. 화미는 유치원 아이들을 데리러 가는 길에 파출소에 들렀다.

"왜 인가 없이 유치원을 운영하세요?"
"긴 그네만 하나 없는데요, 교육청에서도 지역에 필요하니 그냥 개원하라고 허락해줘서 운영하고 있구요."

개원 과정을 한참 설명하던 화미는 시간을 길게 끌 수 없어 아이들을 데리러 가겠다고 말한 뒤 파출소에서 나왔다. 하지만 파출소장은 이번에는 직접 고발하겠다는 말을 주변에 하고 다녔다. 파출소장이 뭔가 다른 이유가 있어서 계속 그런 것이라고 생각한 화미는 대응이 필요하다는 생각이 처음으로 들었다. 가까운 이들에게 그런 부탁을 하고 싶지 않았지만 이번에는 누군가의 도움이 필요했다. 왠지 유치원의 인가만으로는 문제가 해결될 것 같지 않았기 때문이다. 그래서 찾아간 분은 평소 가깝게 지내던 교회 장로님이었다. 장로님은 마침 해당 파출소를 관할하는 경찰서장을 잘 알고 있었다. 교회 장로님이 경찰서장에게 바로 전화를 걸면서 문제는 빠르게 해결됐다.

화미는 얼마 뒤 아이들을 데려다주는 길에 파출소장을 만났다. 파출소장은 "안 여사님 나오셨어요?" 라며 깍듯이 먼저 인사했다. 화미도 웃으며 인사하고 지나갔다. 파출소장의 웃음은 너무나 계면쩍게 보였고, 진심이 전혀 느껴지지 않았다. 파출소장에게 대응하는 동안 화미는 내키지 않았던 그네를 곧바로 유치원 마당에 설치했다. 서류 절차가 빠르게 진행되면서 교육청의 인가도 바로 받을 수 있었다. 이웃 동네의 파출소장이 전원유치원에 왜 그렇게 큰 관심을 가졌는지는 나중에도 알 수 없었다. 하지만 화미는 그 이유가 그다지 궁금하지 않았다.

원아들이 늘어나면서 전원유치원에는 많을 때에는 한꺼번에 60명까지 유치원을 다녔다. 하지만 해가 지날수록 상황은 바뀌었다. 특히 정부 정책에 따라 초등학교 병설유치원이 여기저기 생겨나면서 상황은 크게 달라졌다. 인근에서 가장 큰 동네인 흑석리(동) 기성초등학교에 병설유치원이 생기면서 원아들은 한꺼번에 스무 명 이상 빠져나갔다. 그걸로 끝이 아니었다.

전원유치원 바로 옆 길헌초등학교에서도 예기치 못한 상황이

248

↖ 전원유치원 자모와 원아들(1986년)

벌어졌다. 어느 해에 새로 부임해온 교장선생님이 병설유치원을 만들겠다며 교육청에 근무하는 제자 공무원을 통해 예산 확보까지 마무리한 것이다. 바로 옆에 병설유치원이 들어서면 전원유치원은 그대로 문을 닫을 것이 뻔한 상황이었다. 아무것도 모르던 화미에게 어느 날 길헌초등학교 선생님 한 분이 진행되는 상황을 조용히 알려주었다.

시골로 들어와 이미 20년 가까이 유치원을 운영했던 화미는 화가 났다. 하지만 법적으로 아무런 문제가 없는 병설유치원 설립을 무작정 가로막을 수는 없었다. 고민하던 화미는 관할 대덕구 교육청장에게 직접 쓴 탄원서를 보냈다. 유아교육에 대한 개

념조차 없던 시절에 시골로 들어와 정성껏 아이들을 돌봐 왔고, 계속 유치원을 운영하고 싶다는 내용이었다. 탄원서는 효과가 있었다. 교육청장은 예산까지 배정된 바로 옆 길헌초등학교의 병설유치원 설립을 백지화했고, 전원유치원은 기적적으로 살아남을 수 있었다.

화미는 병설유치원 설립을 추진했던 교장선생님을 얼마 뒤 만날 기회가 있었다. 교장선생은 화미에게 웃으면서 한마디를 건넸다.

"안 원장님이 탄원서를 아주 잘 쓰셨습디다."

화미는 교장선생의 말을 듣고야 자초지종을 이해했다. 교육청장은 화미가 보낸 탄원서를 길헌초등학교 교장선생에게 보여주면서 양해를 구한 뒤, 병설유치원 설립을 백지화시켰던 것이다. 그러나 그 교장은 학교를 떠날 때까지 병설유치원 설립을 포기하지 않았다. 교육청에서 나온 어느 장학사는 돈도 안 되는 유치원은 포기하면 안 되냐며 직접 묻기도 했다. 하지만 별다른 보수도 없이 아이들을 돌보는 일에만 전념하던 화미에게 그런 이야기는 들리지 않았다.

개원 당시 전원유치원의 한 달 원비는 3천500원이었다. 당시 대전 시내 유치원들의 원비 기준은 대홍동 가톨릭성당이 운영하는 소화유치원이었다. 소화유치원과 비슷하게 맞추면서 대부분의 유치원들은 7천 원 정도를 받고 있었다. 시내 유치원들의 절반이면 되겠다고 생각한 화미는 원비를 3천500원으로 간단히 정했다.

당시 많은 유치원들은 각종 학습교재 등을 판매하면서도 돈을 남기는 것이 관행이었다. 각종 학용품부터 졸업사진까지 모든 것에서 차익을 남겼다. 하지만 화미는 시골 아이들을 위한 유치원을 운영하며 이익을 남기겠다는 생각이 처음부터 없었다. 모든 교재와 학용품은 사 온 가격으로 팔았다. 1천600원에 사 온 방학책을 시내에서는 2천 원에 팔았지만 화미는 그대로 팔았다. 모든 교육재료들이 그런 식이었다. 전원유치원의 자모들은 자모회 모임부터 각종 비용에 대한 이야기를 대전 시내에 사는 친구 자모들에게 자랑하곤 했다.

유치원의 각종 사진을 도맡아 촬영해주던 은하수사진관의 한용환 사장도 화미의 유치원 운영 방식을 이해해 준 분이었다. 충북 옥천 출신의 사진작가인 한용환 사장은 처음 만난 화미에게 사진이나 앨범 비용으로 얼마를 받고 자신에게는 얼마를 주면 된다고 친절히 가르쳐주었다. 당연히 중간에서 유치원이 마진을 남기는 방식이었다. 화미는 그런 방식이 마음에 들지 않았다.

"그렇게 돈 벌 거면 중앙시장에서 장사하는 게 낫죠."

화미의 말이 처음에는 의아했던 한용환 사장은 화미가 사진 비용 등을 사진관에서 받아간 가격 그대로 받는 것을 알고 화미를 도와주기 시작했다. 액자로 만들어 나눠주는 졸업사진 비용을 내지 못하는 졸업생들도 해마다 있었다. 돈이 없어 졸업사진을 찾아가지 못하는 아이들의 사진은 유치원 사무실 한쪽에 졸업식 뒤에도 한동안 남아있었다. 그런 사진 액자들은 늦더라도 졸업생들에게 대부분 전달됐고 비용은 고스란히 유치원에서 부담했다. 사실 화미는 그 비용을 꼭 받겠다는 생각을 해본 적도 없었다.

화미의 그런 생각은 너무나도 뻔한 아이들의 가정형편을 고려한 것이었다. 개원 뒤 아이들에게 크레용을 가져오라고 하면, 아이들은 아예 안 가져오거나 쓰던 크레용 몇 개가 담긴 비닐봉지를 들고왔다. 이를 본 화미는 교재 비용을 받지 않은 채 크레용을 구매해 아이들에게 나눠주었다. 수업에 많이 사용하던 가위와 풀, 색종이 등도 마찬가지였다. 아이들에게 나눠준 것은 비품만이 아니었다.

화미는 5월 어린이날이 되면 중앙시장에서 속옷 도매상을 대규모로 하는 가까운 장로님에게 부탁해 아이들에게 양말을 선물했다. 크리스마스에는 내복을 선물했다. 겨울에도 내복을 입지 못하는 아이들이 많았기 때문이었다. 유치원에 재정적인 여유가 있을 때에는 돈을 주고 사 오기도 했지만, 여유가 없을 때에는 외상으로 가져와 나눠주는 때도 있었다. 중앙시장에서 함께 장사를 하며 알던 많은 분들은 화미와 홍주가 시골에서 유치원을 설립해 운영하는 것을 경이롭게 여겼다.

화미는 고집도 센 편이었다. 아이들에게 플라스틱 장난감을 주지 않는 것도 화미의 고집이었다. 플라스틱이 아이들에게 해로울 것이라는 생각 때문이었다. 하루는 대덕구청(옛 군청)에서

↖ 홍주와 화미, 졸업하는 원생들(1983년)

장난감을 나눠주겠다며 신청하라는 전화를 받았다. 나눠주겠다는 장난감은 모두 시중에서 판매하는 플라스틱 완구들이었다. 전원유치원에서는 플라스틱 대신 나무로 된 장난감들을 주로 구해놓고 있었다.

화미는 장난감 대신 다른 것이 더 필요하다고 이야기했다. 장난감이나 여러 물품들을 수납할 수 있는 커다란 책장이 필요했던 때였다. 구청 공무원은 그렇게 해주겠다며 전화를 끊었다. 며칠 뒤, 이번에는 완구업자에게서 전화가 왔다.

"저희는 책장 종류는 취급을 하지 않는데요. 그냥 완구를 받아주시면 안 될까요?"

"저희는 책장이 필요한데요. 그러면 신청 안 하고 그만둘게요."

전화를 걸었던 완구업자는 이번에는 유치원으로 직접 찾아왔다. 완구업자는 장난감을 납품하고 싶다고 다시 이야기했지만 화미는 다시 한 번 거절했다. 나중에 알고 보니 완구업자는 구청에서 책정된 예산을 받은 뒤 자신이 취급하는 완구를 유치원에 넘기면서 돈을 벌고 있었다. 완구업자가 유치원에 필요한 책장을 따로 구입해 납품하면 그만큼 남는 것이 없고 귀찮은 상황이었다. 화미는 그런 상황을 안 뒤에도 아이들에게 굳이 플라스틱 장난감을 주고 싶지 않았다. 결국 며칠 뒤 완구업자는 유치원에 필요한 책장을 트럭에 싣고 왔다.

자신이 생각하는 대로 아이들을 가르치던 화미는 해마다 나오는 장학지도를 걱정하거나 준비하지 않았다. 있는 그대로 보여주면 된다는 생각이 컸기 때문이었다. 어느 해에는 장학사가 아무 연락 없이 불쑥 차를 몰고 유치원 마당으로 들어섰다. 그 순간, 화미는 아이들이 유치원 안으로 들고 들어온 나무 막대기를 유치원 바깥에 내다 버리고 있었다. 장학사는 자신을 멀리서 발견한 화미가 평소에 유치원에서 아이들에게 휘두르던 막대기를 급하게 치우는 것이라고 오해했다.

"어린아이들에게 화내고 혼내면서 가르치면 안 됩니다. 사랑으로 가르쳐야죠. 평소에 그런 식으로 가르치세요?"

유치원에 들어와서 아이들을 그런 식으로 대하면 안 된다며 고압적으로 이야기하는 장학사는 화미의 설명을 들으려 하지 않았다. 오히려 장학사는 유치원 안팎을 돌아다니며 엉뚱한 트집만 잡으려 들었다. 유치원의 울타리가 왜 비뚤어져 있느냐, 왜 울타리가 없는 곳이 있느냐는 것들이었다. 화미는 유치원을 시작한 뒤 자신을 이해해 준 공무원들에게 많은 도움을 받았다. 화미가 아이들을 진심으로 아끼면서 가르친다는 점을 아는 공무원들은 대부분 먼저 도와줄 것이 없는지 물어오곤 했다. 하지만 모두가 그런 것은 아니었다. 화미는 이날만큼은 아이들의 교육보다 엉뚱한 곳에 관심을 갖거나 권위만 내세우는 공무원들도 있다는 생각이 들었다. 현장에 나와 도움을 줄 것을 찾는 대신, 지적만 하려는 이들도 마찬가지였다. 그날 유치원을 방문했던 장학사의 오해는 화미가 그런 식으로 아이들을 가르치지 않는다고 믿어준 다른 공무원들 덕분에 나중에야 풀릴 수 있었다.

전원유치원은 주변의 많은 이들에게 사랑받았다. 바로 옆 길헌초등학교와 흑석리 기성초등학교는 운동회 때마다 유치원 아이들을 초대해 무용 공연 등을 언니 오빠들과 가족들에게 선보였다. 학부형들과 특히 자모들은 대부분 어려운 형편 속에 있는 아이들을 돌봐주는 화미를 항상 원장님이라고 부르며 존경했

↖ 길헌초등학교 운동회에서 율동을 선보이는 전원유치원 원생들

다. 유치원 개원 초기에 졸업했던 아이들은 어느덧 자라 성인이 되고, 결혼한 뒤 다시 자신의 아이들을 유치원에 보내기도 했다. 전원유치원을 다녀간 아이들과 자모들 덕분에 화미는 인근 어디를 가도 인사를 받았다.

하지만 아이들이 줄어들고 다른 어린이집들이 들어서면서 유치원 운영은 계속 어려워졌다. 젊은 어머니들의 많은 사랑을 받던 자모회는 어머니들이 인근에 들어선 공장으로 출근하기 시작하면서 모이는 것조차 힘들어졌다. 덕분에 아이들은 검정 고무신 대신 유명한 만화 주인공이 그려진 멋진 운동화를 신고 다녔고, 옷차림도 크게 좋아졌다. 아이들이 들고 오는 장난감은 시내 유치원의 아이들 것과 비슷해졌다. 화미가 아이들에게 주고 싶지 않았던 가공식품들도 아이들은 집에서 아무 탈 없이 잘 먹고 있었다.

제5공화국 시절 유아원으로 명칭이 바뀌기도 했던 전원유치원은 제6공화국이 들어서면서 다시 갈림길을 맞았다. 정부 지원을 빈는 법인 형대의 어린이집과 사립 유치원 가운데 하나를 선택해야 하는 상황이었다. 국가 지원을 받는 법인으로 전환하려면 부지를 국가에 기부해야 했다. 교육청의 담당자는 인근에서 어린이집을 하려는 이가 부지 150평을 기부하기로 했다며, 화미에게 200평을 기부할 것을 은근히 권했다. 두 곳이 경쟁관계가 된 만큼 부지를 좀 더 많이 기부하는 쪽으로 허가를 내주겠다는 좋은 뜻의 제안이자 권고였다.

하지만 화미는 생각 끝에 유치원으로 돌아가기로 결정했다. 화미는 국가의 지원을 받으면서 유치원 운영에 여러 가지 간섭을 받게 될 것이 싫었다. 젊은 원장이 새로 어린이집을 열고 아이들을 잘 가르치려는 것을 가로막고 싶지 않은 마음도 들었다. 이미 16년, 17년을 유치원을 운영했으니 법인 어린이집을 하지 않더라도 어느 정도는 유지할 수 있을 것이라는 자신감도 남아 있었다. 하지만 그러한 결정은 결국 유치원의 운영을 어렵게 만들었다.

화미는 2000년에도 전원유치원의 상황이 더 나빠질 것으로는 생각하지 않았다. 흑석리(동) 기성초등학교 병설유치원이 생긴 뒤로도 3월에는 스무 명 정도로 시작하지만 해마다 마흔 명 정도까지는 늘어나곤 했기 때문이었다. 흑석리(동)에 어린이집이 하나 더 들어설 때에도 원아들은 줄어들지 않았다. 새로 여는 어린이집에서 전원유치원의 자모들에게 일일이 전화를 걸어 아이들을 보내라고 설득했을 때에도 무료로 다니게 되는 생활보호대상자 가족의 자녀들 외에는 옮겨 가는 아이들이 없었다.

하지만 2000년에는 한 학기가 끝날 때까지 원아 수가 열아홉 명에 그쳤고, 더 이상 아이들이 늘어날 가능성은 적어 보였다. 자신이 원했던 시골 아이들의 교육과 유치원의 꿈을 21년 동안 다

↖ 전원유치원 마지막 졸업식(2000년 2월 26일)

이루었다고 생각한 화미는 유치원 운영을 중단하기로 결정했다.

　유치원 폐원은 개원보다 더 힘들었다. 화미는 1학기에 가르쳤던 아이들이 어디로 갔는지를 일일이 확인하고 교육청에 제출해야 했다. 교사도 마찬가지였다. 전원유치원의 마지막 시절을 함께한 곽수징 선생은 이미 원감과 원장 자격증을 가지고 있었다. 화미는 곽 선생이 원장 자격증 교육을 받을 수 있도록 시간 등을 미리 배려해주었다. 곽 선생이 대전의 다른 유치원에 자리 잡으면서 화미는 큰 걱정을 덜었다. 21년 동안 전원유치원을 졸업한 인근 지역 아동들은 약 480명이었다.

아이들이 더 이상 찾아오지 않는 텅 빈 유치원 건물을 바라보며 화미는 아쉬움이 들었지만 큰 미련은 없었다. 아이들에게 자신이 원했던 만큼 마음껏 사랑을 베풀었기 때문이었다. 2000년 7월이었다.

다시 영도다리에서

노년의 홍주와 화미는 평안한 날들을 보낸다.
두 사람은 어느 가을날 아들이 있는 부산을 찾는다.
화창한 오후에 찾아간 영도다리는 피란시절 보던
것처럼 서서히 올라간다. 어린 시절 어딘가에서
영도다리를 바라보던 소년과 소녀는 이제 나란히
서있다. 고향을 떠난 뒤 70여 년에 걸친 고단했던
지난 시간은 소중한 기억으로 남는다.

어느 해 봄, 홍주와 화미는 다툴 일이 생겼다. 마당의 할미꽃 때문이었다.

화미는 몸이 안 좋은 큰아들이 있는 요양병원의 마당에서 그 해 앞 가을에 할미꽃 열 뿌리를 캐왔다. 집 마당에 정성껏 심은 할미꽃은 여섯 뿌리가 싹을 틔웠다. 화미는 할미꽃의 싹이 올라오는 것을 매일 들여다보며 즐거워했다. 그러나 예쁘게 올라오던 할미꽃 싹들은 어느 날 모두 말라 죽어버렸다. 홍주가 할미꽃에 퇴비가 섞인 흙을 뿌린 뒤였다. 거름 기운이 제대로 삭지 않았던 퇴비가 어린 할미꽃 싹에게는 너무 독했던 것이다. 화미는 할미꽃을 두 뿌리 더 가져다 심어봤지만 결국 죽고 말았다. 화미는 홍주에게 잠시 화를 냈다. 마음 한편으로는 큰아들이 있는 곳에서 정성껏 캐온 꽃이 시들어버린 것이 많이 서운했다. 하지만 홍주는 화미가 심은 할미꽃이 잘 자라길 바랐을 뿐이었다. 그건 화미도 잘 알고 있었다.

홍주는 1989년 양돈을 이미 그만둔 터였다. 갑작스럽게 찾아온 위궤양을 앓고 난 뒤 홍주는 혼자서 양돈을 하는 일이 점점 더 힘에 부쳤다. 대신 홍주는 많지 않은 밭농사를 이어갔고 화미는 유치원 운영을 그만둔 뒤 건물 하나를 짓고 '텃밭'이라는 이름의 식당을 열었다. 생활 공간도 겸한, 말하자면 생업형 식당이었다. 하지만 도로변도 아닌 시골 구석의 보이지도 않는 식당을 찾아오는 손님은 많지 않았다. 아는 이들이 가끔 찾아왔고, 인근 농협 직원들이 점심을 먹는 정도였다. 화미는 돌아가신 어머니가 만들어주시던 것처럼 김치의 양념을 씻어낸 뒤 좀 심심한 맛의 만두를 만들어 팔기도 했다. 어른 주먹 크기의 황해도식 만두였다. 돈이 되지는 않았지만 화미는 자신의 음식을 누군가 맛있게 먹어주는 것도 즐거웠다.

홍주가 양돈을 그만둔 다음 해인 1990년 5월 11일, 홍주의 장인이자 화미의 아버지인 두훈이 세상을 떠났다. 두훈은 건강한

편이었지만 마음처럼 일이 풀리지 않으면서 자주 마신 술이 화근이었다. 1917년 6월 30일 태어난 두훈은 일제강점기 시절부터 해방 뒤 남쪽으로 내려와 대한민국의 현대사를 온몸으로 겪었다. 대한민국 정보기관의 모태였던 중앙청 사정국에서 일을 시작했던 두훈은 헌병학교를 거쳐 군에 입대했다. 광주에서 근무하며 여순반란사건에 투입됐고, 한국전쟁 개전 직후 서울 전투에서 총상을 입었다. 해방 뒤 빨리 월남하지 않았다면 북에서는 친일파로 몰려 살아남기조차 어려웠을 것이다. 그 시기에 모든 것을 포기하고 월남한 많은 이들처럼 두훈은 철저한 반공의식을 가지고 세상을 해석했다.

두훈은 황해도가 고향인 많은 이들처럼 원만하거나 유순한 성격 대신 직설적이면서도 불같은 성격을 가지고 있었다. 그런 두훈의 성격은 전쟁이 끝난 뒤 혼란스런 사회에 적응하는 데 어려움이 되었다. 두훈은 어렵게 정착했던 신하리마저 대청댐에 수몰되면서 결국 한 곳에 정착하지 못한 채 삶을 마감했다.

양돈을 그만둔 뒤 농사만 짓게 된 홍주는 콩 농사를 짓는 해가 많았다. 수확한 콩으로는 화미와 함께 두부를 만들어 팔았다. 직접 농사를 지은 콩으로 부부가 정성껏 만든 손두부였다. '텃밭'에서는 이 두부로 만든 음식을 팔았다. 두 사람이 두부를 만드는 것을 안 지인들이 두부를 주문하기도 했다. 그런데 직접 농사지어 수확한 콩으로 만든 '텃밭'의 두부는 시중의 마트에서 파는 두부 가격과 비슷하거나 오히려 더 싼 편이었다. 가끔씩 집에 들르는 둘째 아들은 가격이 마음에 들지 않았지만 대답은 늘 비슷했다.

"시중 가격보다는 더 받으셔야죠, 요즘 물가가 얼마나 올랐는데요. 그런 귀한 두부를 어떻게 그 가격에 파세요?"

"그걸 그렇다고 어떻게 비싸게 파냐."

↖ 홍주와 화미(2012년)

홍주는 40년 전 평촌으로 들어오며 화미에게 했던 약속을 지켰다. 화미는 홍주의 도움으로 21년 동안 행복하게 유치원을 운영할 수 있었다. 유치원 아이들은 때로는 엄하게 대하는 화미보다 홍주를 더 좋아했었다. 양돈을 그만둔 뒤에는 홍주 역시 아이들과 지내는 시간이 많아졌었다. 화미는 평촌으로 이사한 지 40여 년이 되도록 농사일에 손대지 않았고, 홍주도 부탁하지 않았다. 하지만 화미는 언젠가부터 스스로 밭에 나가기 시작했다. 홍주가 심고 키운 것을 가끔 수확하기만 하던 화미는 어느 순간 자신이 심은 씨앗에서 싹을 틔우는 생명들이 귀하게 보이기 시작했다.

밭 주변이나 마당에는 심지 않아도 스스로 싹을 틔우는 것들이 많았다. 가장 많은 것은 하얀 꽃을 피우는 민들레였다. 집 주변에서는 노란 꽃 민들레 대신 토종인 하얀 민들레가 가끔 보이기 시작했다. 홍주는 노란 민들레는 보이는 대로 뽑는 대신 토종 민들레는 밭 한가운데에 꽃을 피워도 뽑지 않았다. 덕분에 하얀 민들레는 집 주변에 점점 많아졌다. 어떤 날은 모르는 이들이 집 주변에 자리 잡고 앉아 하얀 민들레를 캐기도 했다. 집 안에서 잠시 지켜보던 화미는 계속 캐는 이들에게는 "저희가 키우는 거예요. 다 캐진 마세요"라고 말하며 돌려보냈다.

민들레와 함께 고들빼기와 냉이, 취나물, 구절초도 마당의 식구들이었다. 어느 해에 산에서 약초를 캐는 마을 어르신에게 부탁해 심어 놓은 취나물 다섯 뿌리는 커다란 밤나무 아래에서 계속 자라 식탁을 풍성하게 해주었다. 고들빼기 나물은 친구들에게도 인기가 좋았다. 여러 가지 나물을 데친 뒤 냉동해놓으면 겨우내 식탁에 올릴 수 있었다. 농약을 사용하지 않는 홍주 덕분에 집 주변에서 뿌리 내린 많은 것들은 모두 훌륭한 먹을거리였다.

학생 시절의 친구들이 늘 그리웠던 화미는 2019년 봄, 친구들을 집으로 초대했다. 화미의 집에는 연락을 받은 중학교 친구 스물세 명이 모였다. 졸업 이후 처음 만나는 친구도 있었다. 한국전쟁 직후, 함께 공부했던 친구들은 뿔뿔이 흩어졌고 이제 팔순의 할머니가 되었다. 평생 모르고 지내던 친구들의 소식도 뒤늦게야 조금씩 알게 되었다. 화미는 친구들에게 하얀 꽃 민들레 나물과 집에서 키우고 자란 것들로 정성껏 반찬을 만들어 대접했다.

친구들의 식탁을 준비하던 화미는 문득 1950년 전쟁이 터지기 직전, 광주의 친구 집에서 밥을 먹던 기억이 떠올랐다. 부엌 부뚜막에 앉아 밥을 물에 말아 먹으며 조기 대가리를 씹어 먹던 날이었다. 그 친구는 후일 다시 만나지 못했지만, 화미는 친구들에게 언젠가는 따뜻한 밥을 대접하고 싶었다. 그 후, 70여 년이 흘러서야 화미는 작은 소망을 하나 더 이룰 수 있었다.

중앙시장을 떠난 뒤 몰두했던 합창단과 유치원 운영까지 모

↖ 화미와 단발머리 친구들(2019년 4월)

두 그만 둔 화미는 자신만의 시간이 생겼다. 화미의 관심은 자수로 옮겨 갔다. 어린 시절 고모에게 처음 배운 자수는 유치원을 그만둔 뒤 화미의 마음을 사로잡았다. 서울 인사동까지 찾아 다니며 자수를 배우기도 했던 화미는 고 유미강 교수를 2007년도에 만났다. 화미는 TV에 나와 자수와 관련된 인터뷰를 하는 목원대학교 교수에게 연락을 해 유미강 교수를 소개받았다. 자신보다 스물네 살이나 더 많은 화미의 열정과 진심을 느낀 유 교수는 자수를 배우려는 화미에게 많은 것을 가르쳐주었다. 유 교수는 화미가 자수를 늦게 시작한 것을 늘 안타까워했다.

화미는 주로 성경 속에 나오는 장면들을 떠올리며 수를 놓았다. 수를 놓고 싶은 장면들은 무궁무진했다. 자수 작품들을 모아 언젠가는 유치원 건물에서 전시회를 열겠다는 생각도 갖기 시작했다. 어느 날 유 교수는 화미를 포함해 자수를 가르치던 네 명에게 함께 전시회를 열 것을 제안했다. 하지만 화미는 마침 부산에 내려가 손녀딸을 돌봐줘야 할 상황이었고 결국 전시회를 포기했다.

"어머님이 자수를 일찍 시작하셨으면 제가 제자가 됐을 텐데요. 너무 아쉬워요. 전시회는 다음에 하더라도 수는 계속 놓으세요."

유 교수의 바람대로 화미는 수를 놓는 손길을 멈추지 않았다. 이미 적지 않은 나이에도 바늘에 실을 꿸 수 있다는 것이 화미는 너무나 감사했다. 몇 년 뒤 유 교수가 갑자기 세상을 떠나며 화미는 딸을 잃은 것처럼 마음이 허전하고 안타까웠다. 그 뒤 화미의 자수 작업은 누군가에게 더 배우는 대신 개인 작품 활동을 꾸준히 하는 것으로 방향을 바꿨다.

홍주는 어린 시절 지켜보던 아버지와 할아버지처럼 부지런한 농부가 되었다. 평촌에 자리 잡은 뒤로 40여 년을 땀을 흘리며 농사를 지었다. 여든의 나이가 넘어서도 가을이면 배추밭에서 젓가락으로 벌레를 잡았다. 날씨를 보며 수확을 서두르고, 고구마 뿌리가 깊이 내려가면 다가올 겨울이 더 춥다는 것도 느끼게 되었다. 해마다 봄부터 가을까지는 늘 새벽 5시에 일어나 일을 시작했다. 가뭄이 심하면 넓지 않은 밭에 지하수를 끌어 올려 물을 주며 작물들이 잘 자라기를 기도했다. 비어 있는 유치원 건물에 비가 새면 건물을 지을 때처럼 지붕에 올라가 직접 수리도 했다. 화미의 유일한 걱정이자 불만은 홍주가 일을 너무 많이 하는 것이었다. 하지만 홍주는 평생 자신이 감당할 수 있는 한 일을 하려 했고, 고집을 꺾지도 않았다.

가족들은 홍주가 자신의 삶에 대해 불평하는 것을 본 적이 없었다. 평생 술과 담배를 하지 않았고, 말을 많이 하는 편도 아니었다. 이별인 줄도 모른 채 고향에서 어머니가 돈을 넣고 꿰매어 준 모자를 들고 좋아했던 소년은 어느새 80대 중반의 할아버지가 되었다. 오랫동안 생사도 몰랐던 부모를 그리워하던 소년은 자신에게 엄격했고, 남의 것을 탐하지 않았다. 대신 땀을 흘려 얻은 수확만을 자신의 것으로 생각했고, 기도하며 감사할 줄 알았다. 욕심을 부리지 않고 감사하는 삶이 더 큰 행복으로 돌아온다는 것도 깨달았다.

2018년 9월 어느 날, 홍주와 화미는 둘째 아들이 사는 부산을 찾았다. 아주 오랜만에 부산을 찾은 부모님에게 아들은 여러 날

머물다 가시길 권했지만 홍주는 하룻밤만 묵고 돌아가길 고집했다. 반나절이면 훌쩍 자라는 고향의 잡초가 계속 떠올랐기 때문이었다. 홍주는 돌아가기 전 아들에게 한 가지 부탁을 했다. 여든을 넘긴 홍주의 부탁은 부산 영도다리에 가보는 것이었다. 어렸던 피란 시절, 부산에서 영도 인근을 오가며 지켜보던 영도다리에 홍주는 다시 가본 적이 없었다.

↖ 화미와 홍주(2018년 9월 27일)

화창한 가을날 오후, 사이렌 소리가 울리면서 다리는 예전 모습 그대로 다시 올라가기 시작했다. 그날 그날 먹을 것을 걱정하며 영도다리를 바라보던 어린 소년이 서 있던 자리에는 머리가 하얀 노년의 할아버지가 서 있었다. 그 반대편에서 영도다리를 바라보던 나이 어린 소녀는 허리가 구부정한 할머니가 돼 소년 옆에 서 있었다. 코흘리개 아이들과 행상들이 차지하던 자리에는 커다란 카메라를 든 관광객들이 가득했다.

영변과 황주를 떠나 먼 길을 돌아 영도다리 앞에 함께 선 홍주와 화미는 지난 시절이 마치 한순간처럼 눈앞에서 지나가는 것 같았다. 환한 날씨 탓인지 눈시울이 붉어진 두 사람은 나란히 아무 말이 없었다. 홍주와 화미를 지켜보던 손녀딸은 두 사람의 팔을 꼭 잡았다. 다리 아래로 지나는 작은 배 몇 척이 울리는 뱃고동 소리는 영도다리를 다시 찾아온 홍주와 화미에게 말을 거는 것 같았다.

"그래, 그동안 고생 많았어."

글을 마치며

영변 소년과 황주 소녀의 삶이
소중한 역사로 기억되길

부모님의 노년은 평안하시다.

배고픈 돼지들의 울음소리는 오래전 사라졌고, 비어 있는 전원유치원 건물에는 적막감만 남았다. 두 분은 평촌에 들어가 가장 먼저 지었던 서너 평짜리 방에서 노년을 조용히 지내신다. 막내아들인 저자를 포함한 네 가족이 한 방에 옹기종기 모여 살던 곳은 조금 넓어지긴 했지만 작은 창문이 하나 있는 옛날 방 그대로다. 네 가족이 살았다고는 믿기지 않는 작은 방이다. 그 방에서는 한밤에 불을 끄면 어디론가 들어온 반딧불이가 반짝거리며 날아다니곤 했다. 노년의 부모님은 큰 공간이 필요 없다며 그 방을 다시 찾아가셨다.

아버지는 몇 년에 걸친 아들의 구술작업이 마무리될 무렵, 치매 증상이 눈에 띄게 나타나기 시작했다. 아들은 조금씩 더 궁금한 것들이 있었지만 어느 시점부터는 더 이상 예전 기억을 여쭐 수가 없었다. 가장 잘 기억하시는 것은 카투사로 군 생활을 하시던 시기였다. 먼저 묻지 않아도 아버지는 그 시절 이야기를 무용

담처럼 반복해서 들려주셨다. 어머니는 아버지가 어린 시절 헤어진 부모님을 전에 없이 그리워하고, 한편으로는 함께 내려오지 않으신 것이 원망스러워 우는 때도 있다고 하신다. 평생 동안 숨겨온 아버지의 속마음은 치매라는 반갑지 않은 동반자의 등장과 함께 노년에 조금씩 드러나기 시작했다. 다만 땀 흘려 얻은 것만이 본인의 것이라는 생각, 남을 속이거나 게으른 것을 멀리하고, 성실하게 땀 흘리며 사는 것을 미덕으로 아는 삶의 자세는 변함이 없으시다.

어머니는 아버지 곁에서 책을 읽고 수를 놓으며 스스로 말씀하시는 것처럼 행복한 날들을 보내고 계신다. 아들이 가져가는 책들을 어머니는 놀랄 만큼 즐겁고 완벽하게 읽으신다. 책을 읽고 짧게 들려주시는 서평은 아들이 전혀 생각지도 못했던 내용이 많았다. 책을 읽고 저자가 어떤 인물일 것이라는 생각을 들려주시면 책의 내용을 얼마나 깊게 이해하셨는지 놀라지 않을 수 없다. 다만 책 읽는 시간이 너무 늘어나서 수놓는 시간이 줄어드는 것을 걱정하시는 어머니의 말씀에 언젠가부터는 가져다드리는 책의 수를 줄이게 됐다. 하지만 문학소녀의 마음은 노년이 될수록 점점 더 무르익고 계신 듯하다.

어머니는 부산에 있는 아들에게 편지를 보내곤 하셨다. 아버지는 아들에게 이야기를 별로 하시지 않는 편이었지만, 그런 이유는 어머니가 여러 가지 당부를 대신 하시는 탓이기도 했다. 어머니는 이메일로도 자주 편지를 보내셨고, 직접 쓰신 손편지가 아들의 회사로 불쑥 날아드는 날도 있었다.

좋은 날!!

정말 요즘 날씨 좋으네
알밤은 다 떨어진 듯하고
콩과 들깨는 여물어가고
무 배추는 속이 차기 시작하고

조반 먹고 들길 걷는데

벼이삭이 누렇게
구수한 향기를 내고
맑은 하늘에 여유로운 구름떼

이렇게 평화로운데
세상은 왜 이리 시끄러운지 그저 조심하며
하나님 두려운 줄 알고 살아야지.

출장간다는 말 듣고부터 기도 드리네요.

부산방송이 모든 이들에게
사랑과 희망과 위로를 주는
언론사가 되기를 기도 드려요.

길 기자도 모든 이에게
신뢰와 사랑을 받기 바라고요.

엄마는 앞으로 어떤 계획 같은 거 세우지 않기로 했어요.
지난 날에 매이지 않고 앞날에 대해서도 마음 비우고
오늘 이 시간을 잘 살아 가자고 생각하니
진짜 마음이 편하네요.
좋은 날 되세요.

- 2011. 10. 1. 엄마

이 책이 나오기 10년 전인 2011년 한 해 동안 어머니는 위와 같은 이메일 12통을 막내아들에게 보내셨다. 당시 따로 만든 메일함에 보관됐던 이메일들은 10여 년이 지난 뒤 책을 준비하면서 다시 빛을 보게 되었다. 이메일의 대부분은 부모님을 걱정하지 말라는 내용과 두 분의 신앙생활, 아들에 대한 걱정, 또 아들의 권유로 부산 기장군으로 이주하려던 계획을 포기하게 된 이유 등이었다. 당시만 해도 두 분은 훨씬 더 건강하셨지만 이미 이주를 감당할 연세는 아니었기에 결과적으로 현명한 결정이었다. 또 메일의 내용과는 달리 유치원 건물을 활용하는 이런저런 새로운 계획도 조용히 세우던 시기였다.

두 분의 힘은 평생 동안 키워온 깊은 신앙심에서 나왔다. 결혼하기 이전부터 기독교 신앙심이 깊었던 부모님은 결혼 뒤 더 열심히 신앙생활을 하셨다. 술 담배를 평생 멀리 하면서 땀 흘려 일을 하신 아버지와 솔모음합창단과 전원유치원을 운영했던 어머니는 매일 예배를 드리고 함께 기도했다. 두 분의 기도는 본인들과 가족들을 위하는 내용도 있었지만, 다른 이들과 민족의 앞날을 걱정하는 내용이 늘 많았다. 특히 북녘 땅에 있는 동포들을 걱정하는 내용은 기도에서 항상 빠지지 않았다.

북녘 동포들을 걱정하는 기도는 두 분 모두 평생 고향을 그리워한 이유가 컸다. 그런 마음을 잘 아는 막내아들은 어린 시절부터 두 분을 모시고 평안도 영변과 황해도 황주를 찾아갈 꿈을 꾸었다. 통일이 되진 않더라도 서로 왕래는 할 수 있을 정도의 관계가 찾아오길 가족들은 모두 간절히 바랐다. 통일에 대한 꿈은 안타깝게도 두 분이 고향을 떠난 지 70여 년이 넘도록 진척이 없다. 고향을 잃고 분단을 겪은 부모님 세대는 이제 고향에 돌아갈 꿈을 포기했고, 그 꿈은 다음 세대의 숙제로 남게 되었다.

전원유치원이 문을 닫은 이후 두 분의 외출은 흔치 않았다. 공식적인 자리로 본다면 2012년 5월, 전북 임실에서 있었던 중문학자이자 수필가였던 고 허세욱 교수님의 문학비 제막식에 나란히 참석하신 것이 마지막이었다.

 고 허세욱 교수님은 오빠처럼 딸들을 챙겨달라는 외할아버지 말씀대로 평생 어머니 세 자매를 아껴주셨다. 수필가였던 허 교수님은 어머니에게 여러 차례 수필가로 등단할 것을 권하셨다. 하지만 그때마다 어머니는 그럴 만하지 못하다며 완곡하게 사양하셨다.

 어머니는 늘 아버지를 먼저 생각하셨다. 본인이 이런저런 일로 외부 활동을 하거나 이름을 알리게 되는 것이 행여나 아버지에게 생각하지 않았던 영향을 미치지 않을까 염려하셨다. 나란히 운전면허 시험을 치르면서 본인이 먼저 필기시험에 붙으면 안 되겠다고 생각했던 것과 비슷한 마음이었다. 아버지 역시 표현은 안 하셨지만 어머니의 그런 마음을 충분히 알고 계셨을 것이다.

 부모님의 가장 큰 걱정은 큰아들이었다. 어릴 때부터 건강이 좋지 않았던 큰아들은 결국 평생을 요양병원에서 보내는 상황을 맞았다. 두 분은 거동이 자유로울 때에는 괜찮았지만 점점 움직이는 것이 힘들어지면서 큰아들을 찾아가는 것도 쉽지 않았다. 단단한 신앙심과 믿음으로도 장애를 가진 장자의 인생을 지켜보는 일은 평생 감당하기 힘든 일이었을 것이다. 그 역시 주님의 뜻으로 생각하시는 부모님은 본인들의 힘겨운 삶보다도 늘 아들의 삶을 더 안타까워하셨다.

2021년 한가위 명절에 찾아가본 평촌은 예전과 다른 모습이었다. 집 주변 곳곳에는 풀들이 아무렇게나 자랐고, 넓지 않은 밭 곳곳은 아무것도 심지 않은 채 여기저기 비어 있었다. 하지만 두 분은 40여 년 전 처음 자리 잡았던 작은 공간에서 아침저녁으로 예배를 드리며 행복하게 지내고 계셨다. 고단하게 살아온 삶에 대해 감사하고, 아무것도 더 바랄 것이 없는 풍성한 날들을 진심으로 감사하게 생각하고 계셨다.

2016년 처음 구술을 받기 시작했던 부모님의 이야기는 이렇게 마무리 짓는다. 일제강점기 시절부터 분단과 전쟁, 계속된 이주의 시기를 지나며 평생 힘들게 살아온 두 분의 삶을 더 늦지 않게 정리할 기회가 있었던 것에 무한히 감사드린다. 두 분의 이야기가 이 책을 읽거나 두 분을 알고 기억하는 모든 분의 마음에 아름답게 남기를 바란다. 또 평범한 이야기지만 그 시대를 살았던 많은 분들과 함께, 영변 소년 홍주와 황주 소녀 화미의 삶이 여러 세대가 지난 뒤에도 우리 민족의 소중한 역사로 기억되길 바란다.

2021년 하늘 높은 날
길재섭

참고자료

영도다리
<부산시, 영도다리 보존 결정 번복>, 「부산일보」 2004. 7. 30.
<부산의 다리이야기 7 - 부산의 역사를 품은 영도대교>, 「부산일보」 2011. 5. 6.
<부산 영도다리, 47년 만에 '다시 번쩍'>, 「연합뉴스」 2013. 11. 27.
<이동순의 부산 가요이야기 13 - 영도다리 장소성과 대중가요>, 「국제신문」 2020. 11. 29.

정희섭 보건사회부 장관
<보사부장관 - 국민건강·복지 총대 멘 가시방석>, 「중앙일보」 1993. 7. 11.
이용교, <사회보장의 기틀을 다진 보사부 정희섭 장관>, 「Social Worker」 2018. 1월호.

반공포로 석방
<휴전회담 - 후반부(10) / 반공포로 석방(2)>, 「중앙일보」 1973. 5. 16.
<논산포로수용소 반공포로 8,024명 석방>, 「논산계룡일보」 2014. 6. 17.
안보길, 「이승만 현대사 위대한 3년, 1952~1954」 기파랑, 2020.

전두환 암살 음모와 최중화
<81년 전두환씨 암살음모 캐나다교포 최중화씨 6년형 선고>, 「연합」 1991. 3. 14.
<실패한 전두환 암살공작의 전모 공개> 「Break News」 2005. 5. 10.
<필리핀서 전두환을 암살하려 했다>, 「주간경향」 2008. 7. 15.
<조국으로 돌아와 기쁩니다… 남북 오간 34년> SBS 뉴스. 2008. 9. 8.

파독 간호사
<파독 간호사 1만 명 "가족 울까 편지도 참아… 김치 담글 돈만 빼고 송금">, 「조선일보」 2013. 1. 4.
<한국 외교사 명장면(6) 독일로 간 광부 - 간호사>, 「동아일보」 2015. 9. 19.

<간호사 파독 50년: 한국 - 독일 가교로 뿌리내린 역사>, 「연합뉴스」, 2016. 5.19.
<파독 광부·간호사에 대해 잘못 알고 있던 사실>, 「오마이뉴스」 2020. 12. 1.

1·21 청와대 습격 사건
<1·21 사태>, 한국민족문화대백과사전
<김신조 침투조, 목 없는 시신 알고 보니… 충격>, 「중앙선데이」 2012. 2. 5.
<허문명 기자가 쓰는 '김지하와 그의 시대' 19 - 북한의 도발>, 「동아일보」 2013. 5. 3.
<'청와대 습격 사건' 52년 만에 북악산 북측 둘레길 열린다>, 「경향신문」 2020. 10. 29.

대전 중앙시장 화재
<대전 중앙시장에 대화>, 「대전일보」 1969. 4. 22.
<연기로 사라진 2억의 재화>, 「대전일보」 1969. 4. 22.
<화재가 준 교훈>, 「대전일보」 1969. 4. 27.

대청댐과 신하리
<용수·전력 얻고 관광명소로 - 대청댐 담수기작… 무엇이 달라지나>, 「중앙일보」 1980. 7. 1.
대청동 행정복지센터 홈페이지(https://www.donggu.go.kr/dg/kor/contents/414)

아들아,
살아보니 사랑이더라

길재섭 지음

1판 2쇄 2021년 12월 17일

펴낸이 박미화 | 펴낸곳 미디어줌
등록 2011년 11월 18일 제 338-251002009000003호
주소 부산광역시 수영구 수영로 440 (남천동)
전화 051-623-1906 | 팩스 051-623-1907
편집실 070-4012-6063 | 이메일 mediazoom@naver.com
홈페이지 www.mediazoom.co.kr

출판총괄 박수정 | 편집책임 박아림 | 북디자인 곽소록
진행책임 안서현 | 교정·교열 진가록
제작·관리 하영미 | 홍보·마케팅 박언주

ⓒ 길재섭, 2021 ISBN 978-89-94489-55-1 03090

이 책은 저작권법에 따라 보호받는 저작물이므로 무단전재와 무단복제를 금하며,
이 책 내용의 전부 또는 일부를 이용하려면 반드시
저작권자와 도서출판 미디어줌의 서면 동의를 받아야 합니다.
책값은 뒤표지에 있습니다.
파본이나 잘못 만들어진 책은 구입하신 곳에서 교환해 드립니다.

도서출판 미디어줌은 기록물편찬전문회사 **mediazoom**의 출판 브랜드입니다.